AF283660

Ecoturismo. HOTU0002

Leyre Sánchez Barrionuevo

ic editorial

Ecoturismo. HOTU0002
© Leyre Sánchez Barrionuevo

1ª Edición

© IC Editorial, 2025

Editado por: IC Editorial
c/ Cueva de Viera, 2, Local 3
Centro Negocios CADI
29200 Antequera (Málaga)
Teléfono: 952 70 60 04
Fax: 952 84 55 03
Correo electrónico: iceditorial@iceditorial.com
Internet: www.iceditorial.com

ISBN: 978-84-1184-762-9
Depósito Legal: MA 606-2025

Impresión: PODiPrint
Impreso en Andalucía – España

Nota de la editorial: IC Editorial pertenece a Innovación y Cualificación S. L.

Especialidad formativa

Se entiende por especialidad formativa la agrupación de contenidos, competencias profesionales y especificaciones técnicas que responde a un conjunto de actividades de trabajo enmarcadas en una fase del proceso de producción y con funciones afines.

Las especialidades formativas de Uso General, Formación Complementaria, Formación Modular y las especialidades formativas dirigidas a la obtención de certificados de profesionalidad se incluyen en el Fichero de Especialidades del Servicio Público de Empleo Estatal para su gestión en todo el territorio nacional por cualquier Administración competente.

Las especialidades complementarias, pertenecen todas a la Familia profesional de Formación Complementaria (FCO) y tienen la consideración de formación transversal en áreas que se consideran prioritarias tanto en el marco de la Estrategia Europea para el Empleo y del Sistema Nacional de Empleo como en las directrices establecidas por la Unión Europea. Se consideran áreas prioritarias las relativas a tecnologías de la información y la comunicación, la prevención de riesgos laborales, la sensibilización en medio ambiente, la promoción de la igualdad, la orientación profesional y aquellas otras que se establezcan por la Administración competente.

Las especialidades de Certificado de profesionalidad tienen una duración especificada en su normativa reguladora.

En el resultado de la búsqueda, se muestran las unidades de competencia, todos los módulos formativos con su duración y las unidades formativas del certificado correspondiente, con su duración. Las horas del certificado, exclusivo de las especialidades de certificado de profesionalidad, con alta igual o superior a 2008, son las horas totales más las horas del módulo de Prácticas Profesionales no Laborales.

- ➲ **Si la especialidad tiene unidades formativas,** las horas totales, presencial, distancia, teleformación serán igual a la suma de esas horas de las unidades formativas de los distintos módulos, sin que se repita ninguna Unidad formativa.

⮩ **Si la especialidad no tiene unidades formativas,** las horas totales, presencial, distancia, teleformación serán igual a las sumas de esas horas de los módulos formativos, eliminando las horas de los módulos repetidos.

https://sede.sepe.gob.es/especialidadesformativas/RXBuscadorEFRED/BusquedaEspecialidades.do

(Fuente: Servicio Público de Empleo Estatal)

Índice

OBJETIVOS GENERALES

Los objetivos general del **HOTU0002. Ecoturismo,** son:

- ⮌ Adquirir los fundamentos básicos sobre el fenómeno del ecoturismo, las técnicas para su planificación y los aspectos económicos sobre proyectos de ecoturismo.
- ⮌ Adquirir el conocimiento de los principios básicos y la historia del ecoturismo, analizando desde sus características hasta el perfil de ecoturista.
- ⮌ Compronder los fundamentos básicos de la conservación del medio natural a través del ecoturismo, las técnicas para su planificación y los aspectos económicos sobre proyectos de ecoturismo.

Principios e historia del ecoturismo

Contenido

Objetivos

El objetivo general de esta Unidad de Aprendizaje:

→ Adquirir el conocimiento de los principios básicos y la historia del ecoturismo, analizando desde sus características hasta el perfil de ecoturista.

Los objetivos específicos de esta Unidad de Aprendizaje son:

→ Identificar y comprender los principios y características fundamentales del ecoturismo.

→ Analizar la historia y el surgimiento del ecoturismo para contextualizar su desarrollo actual.

→ Describir los principales destinos de ecoturismo y sus características distintivas.

→ Reconocer las empresas y agentes clave que participan en la oferta de ecoturismo.

→ Definir el perfil del ecoturista y sus preferencias en cuanto a servicios y experiencias.

→ Examinar los servicios básicos y especializados ofrecidos en espacios naturales protegidos.

→ Desarrollar una guía turística que resalte los valores culturales, históricos, naturales y gastronómicos del pueblo, fomentando el turismo sostenible y el respeto por el entorno.

→ Desarrollar un itinerario como operador turístico en el que se tenga en cuenta la conservación ambiental, el respeto cultural y el beneficio para las comunidades locales al diseñar experiencias turísticas sostenibles.

1. Introducción

El ecoturismo se erige como una de las alternativas más prometedoras y responsables dentro del vasto mundo del turismo. Además de ofrecer la oportunidad de explorar lugares de belleza incalculable, el ecoturismo se centra en la preservación del medioambiente y el respeto por las culturas locales, generando un impacto positivo tanto a nivel económico como social en las comunidades receptoras. En el contexto actual de cambio climático y degradación ambiental, donde los recursos naturales son explotados a un ritmo alarmante, esta modalidad de turismo no solo emerge como una preferencia entre los turistas cada vez más conscientes, sino también como una necesidad imperiosa para el desarrollo sostenible del planeta.

Imagine enfrentarse al desafío de conciliar el crecimiento económico con la conservación de la naturaleza. Aquí, el ecoturismo brilla como un puente entre la experiencia enriquecedora del viajero y la protección de un ecosistema en equilibrio. Desde la conservación de la biodiversidad en la Amazonia hasta el fortalecimiento de tradiciones culturales en pueblos indígenas de América Latina, el ecoturismo mejora la vida de las comunidades, fomentando oportunidades de empleo, crecimiento personal y empoderamiento. Los viajeros no son meros espectadores, sino participantes activos en la preservación de los entornos que visitan y en las vidas y costumbres de las personas que los habitan.

Además, los actores involucrados, que van desde operadores turísticos hasta ONG, juegan un papel crucial en la ejecución responsable y sostenible de estas actividades. Cada decisión, desde diseñar itinerarios que minimicen la huella ecológica hasta colaborar estrechamente con las comunidades locales, resulta en un turismo que respete y preserve la esencia del destino. Al proporcionar ingresos a las comunidades y promover el conocimiento y el respeto de la diversidad cultural, el ecoturismo se transforma en una herramienta poderosamente positiva que combate la pobreza y favorece la justicia social.

Un caso representativo de ecoturismo es el de Ecolodge Green Park, ubicado en Castilla-La Mancha. Esta empresa ofrece alojamientos sostenibles en un entorno natural protegido, con construcciones ecológicas y actividades centradas en la observación de fauna autóctona. Ecolodge Green Park colabora estrechamente con las comunidades locales, fomentando el empleo y promoviendo productos artesanales de la región. Además, impulsa actividades educativas sobre la biodiversidad del parque y prácticas de conservación ambiental. Con este enfoque, la empresa logra que el ecoturismo beneficie tanto a los visitantes como a la economía y el ecosistema local.

2. Conocimiento de los principios básicos del ecoturismo

☞ HILO CONDUCTOR

Ecolodge Green Park aplica los principios del ecoturismo, ofreciendo alojamientos sostenibles integrados en el entorno natural. La empresa promueve la observación de especies locales, como el águila imperial, sin alterar su hábitat. Además, fomenta la economía local mediante empleo y venta de productos artesanales. A través de rutas guiadas y talleres, sensibiliza a los visitantes sobre la importancia de la conservación. Con estas prácticas, *Ecolodge Green Park* ejemplifica cómo el ecoturismo puede generar beneficios ambientales y comunitarios.

El modelo de ecoturismo presenta numerosos beneficios que atienden directamente las principales preocupaciones del presente: conservar los recursos naturales para las futuras generaciones, proteger las culturas autóctonas de la erosión causada por culturas hegemónicas, y fomentar una economía participativa. Al mismo tiempo, los turistas obtienen recompensas invaluables al conectarse de forma auténtica con la naturaleza, vivir experiencias educativas y de convivencia armónica con el entorno natural.

En este sentido, el conocimiento profundo de los principios que rigen al ecoturismo es fundamental para cualquier persona interesada en integrarse a este movimiento, ya sea como profesional del sector, educador, viajero o defensor de la naturaleza. Mejorar nuestra comprensión y nuestro sentido de responsabilidad hacia los lugares que visitamos y las comunidades que los preservan no solo ayudará a mitigar nuestro impacto ambiental, sino que también aumentará el valor de nuestras experiencias de viaje, haciéndonos más conscientes del mundo en el que vivimos.

La comprensión de los fundamentos del ecoturismo proporciona una base sólida sobre la cual construir su conocimiento y un comprometido activismo. Entender qué hace que el ecoturismo sea diferente de otras formas de turismo y cómo promueve una relación más saludable entre los humanos y la naturaleza es crucial para crear proyectos turísticos sostenibles y responsables.

Ecosturistas

Los fundadores de esta tendencia turística han allanado el camino para nuevos modelos de negocio que demuestran que es posible generar beneficios económicos sin comprometer la salud del planeta o marginar a las poblaciones locales. Al fomentar prácticas que apoyen el desarrollo sostenible, se construye una cadena de valor que beneficia a todos los agentes implicados, desde el viajero hasta las comunidades locales, pasando por las entidades de conservación y los operadores turísticos.

Por lo tanto, familiarizarse con los principios básicos del ecoturismo no solo es un paso educativo esencial, sino también una invitación para participar en un movimiento global que promueve un turismo más equilibrado y consciente. Proteger nuestros recursos naturales y culturas locales, al tiempo que brindamos experiencias únicas y educativas, es vital para preservar la calidad de vida de las generaciones presentes y futuras.

NOTA

El ecoturismo, como una forma responsable de viajar que centra su atención en la conservación del medioambiente y el bienestar de las poblaciones locales, se fundamenta en una serie de principios que guían su práctica y desarrollo. Estos principios son esenciales para asegurar que las actividades turísticas se realicen de manera sostenible e informada, contribuyendo así a la preservación de los recursos naturales y culturales.

A continuación, se expone una explicación más detallada de estos **principios esenciales** del ecoturismo:

- **Conservación de los recursos naturales y culturales.** El principio fundamental del ecoturismo es el compromiso con la conservación de los recursos naturales y culturales. Esto implica que las actividades ecoturísticas deben realizarse de manera que respeten y protejan los hábitats, las especies, los paisajes y los sitios de importancia cultural. Por ejemplo, un *ecolodge* puede estar diseñada para integrarse armoniosamente con el entorno natural, utilizando materiales locales y sostenibles, al tiempo que minimiza el impacto ambiental.

  Conservación también significa contribuir directamente a la protección de áreas naturales. Los ingresos generados por el ecoturismo, como las tarifas de entrada a parques nacionales, deben destinarse a la gestión y conservación de estas áreas. Las iniciativas privadas también juegan un papel crucial al apoyar programas de conservación y restauración del hábitat.

- **Beneficios económicos y sociales para las comunidades locales.** El ecoturismo debe generar beneficios tangibles para las comunidades locales, fortaleciendo sus economías y mejorando su calidad de vida. Esto se traduce en la generación de empleo, el desarrollo de infraestructuras y la mejora de servicios locales, como la educación y la salud. Un ejemplo de este principio en acción es el empleo de guías locales, quienes no solo poseen un conocimiento profundo del entorno, sino que también sirven de enlace entre los visitantes y la cultura local. Además, los ecoturistas pueden alojarse en pequeños hospedajes administrados por las comunidades, lo que garantiza que una porción significativa de los beneficios económicos quede en la localidad.

- **Educación ambiental y cultural.** El ecoturismo involucra un fuerte componente educativo, orientado tanto a los turistas como a las comunidades anfitrionas. Para los turistas, esto significa aprender sobre la biodiversidad, la ecología y la cultura de las áreas que visitan. Las actividades como caminatas guiadas o talleres de artesanía proporcionan oportunidades educativas que fomentan una mayor comprensión y apreciación de los destinos. Para las comunidades locales, la educación es una herramienta vital para la gestión de sus recursos naturales. Programas de capacitación sobre prácticas sostenibles de gestión de tierras o cursos en inglés para una comunicación más efectiva con los turistas son ejemplos de iniciativas que pueden empoderar a las comunidades.

- **Siempre en busca de la sostenibilidad.** El principio de sostenibilidad es cardinal en el ecoturismo, procurando un equilibrio entre las dimensiones económica, social y ambiental. Este enfoque ponderado asegura que el ecoturismo sea verdaderamente beneficioso para todos los involucrados, sin comprometer la capacidad de las generaciones futuras para satisfacer sus propias necesidades. Un ecoturismo sostenible requerirá una planificación rigurosa y una gestión eficiente. Por ejemplo, desarrollar capacidades para manejar flujos de turistas, establecer límites en el uso de recursos y promover prácticas que reduzcan la huella de carbono son actividades cruciales en la búsqueda de la sostenibilidad.

- **Autenticidad y respeto por las culturas locales.** Respetar la cultura y las tradiciones locales es esencial en el ecoturismo. Esto incluye valorar las peculiaridades culturales y lingüísticas y garantizar que las prácticas culturales no se trivialicen ni se exploten. Los turistas deben ser alentados a participar en las actividades de manera respetuosa: por ejemplo, aprendiendo sobre las festividades locales o sobre el arte culinario tradicional. Comprometerse con la autenticidad cultural no solo enriquece la experiencia turística, sino que también apoya a las comunidades en la preservación de sus tradiciones, conocimientos y formas de vida.

- **Investigación y monitoreo constantes.** El ecoturismo responsable requiere de una constante evaluación y adaptación. Se deben implementar investigaciones periódicas para evaluar el impacto del turismo en los ecosistemas y las comunidades. Estas investigaciones deben incluir la perspectiva de las comunidades locales y utilizar estas evaluaciones para ajustar prácticas de gestión. Un ejemplo puede ser el monitoreo de las especies en peligro de extinción en una reserva natural frecuentada por turistas. Si los datos muestran una disminución en la población, podrían implementarse restricciones adicionales para proteger el hábitat crítico.

- **Participación activa de los interesados.** Finalmente, uno de los pilares del ecoturismo es la inclusión de todas las partes interesadas en el proceso de planificación y ejecución. Esto incluye desde los gestores del turismo hasta las comunidades locales, los organismos gubernamentales y los propios turistas. La creación de redes de colaboración y foros de diálogo asegura que se tenga en cuenta una amplia gama de perspectivas y conocimientos. Por ejemplo, un comité local de ecoturismo puede incluir a jefes de aldeas, empresarios turísticos y organizaciones de conservación para tomar decisiones conjuntas que beneficien a todos y reflejen tanto las necesidades ambientales como las aspiraciones humanas.

 **IMPORTANTE**

El avance de estos principios requiere un compromiso continuo de todas las partes involucradas. Desde gobiernos que implementen políticas de apoyo hasta turistas que comprendan la importancia de respetar los ecosistemas y las

Continúa en página siguiente >>

<< Viene de página anterior

culturas locales, el éxito del ecoturismo depende de una participación activa y consciente hacia un objetivo común: la construcción de un futuro más sostenible y equilibrado para las generaciones presentes y futuras. Esto implica también la colaboración a nivel internacional, la adopción de mejores prácticas mundiales y el aprendizaje intercultural compartido que enriquecerá tanto a huéspedes como a anfitriones en el amplio paisaje del turismo ecológico.

El ecoturismo se distingue de otras formas de turismo más convencionales por ofrecer interacciones individualizadas y genuinas con el medio natural y cultural. Los ecoturistas buscan inmersiones auténticas que les permitan experimentar de manera más profunda la singularidad de cada destino. Esta característica garantiza experiencias inolvidables y transforma a los visitantes en defensores del patrimonio natural y cultural del lugar que han tenido la oportunidad de conocer.

En resumen, el ecoturismo es un enfoque integral para viajar que combina la conservación ambiental con el enriquecimiento cultural y el desarrollo sostenible. A través de sus características principales, los ecoturistas no solo obtienen experiencias enriquecedoras, sino que contribuyen activamente a un futuro en el que el turismo y la naturaleza prosperen de la mano. Esta visión es vital en tiempos donde el cambio climático y la degradación ambiental amenazan la diversidad de nuestro planeta.

El ecoturismo tiene como objetivo reducir al máximo el impacto ambiental generado por la actividad turística.

2.1. Características del ecoturismo

El **ecoturismo** se presenta como una alternativa de turismo que busca armonizar la experiencia de viaje con la responsabilidad ambiental y el respeto cultural hacia los destinos visitados. En su esencia, el ecoturismo se conceptualiza como un tipo de turismo que se orienta hacia la interacción sostenida y respetuosa con el entorno natural. Esta forma de turismo va más allá de simplemente observar la naturaleza; busca inmersión en ambientes naturales, promoviendo a la vez su conservación, la inclusión de las comunidades locales, y ofreciendo experiencias educativas y enriquecedoras para el visitante.

Fundamentalmente, el ecoturismo se comprende a través de su relación con tres **pilares principales:**

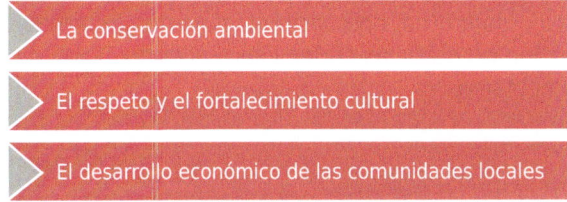

La conservación ambiental

El respeto y el fortalecimiento cultural

El desarrollo económico de las comunidades locales

Estos pilares están interconectados y su aplicación pretende lograr un equilibrio entre el aprovechamiento turístico y la preservación del entorno natural y cultural.

Primeramente, en lo referente a la **conservación ambiental,** el ecoturismo se esfuerza por minimizar los impactos negativos del turismo sobre la naturaleza. Esto se logra a través del cumplimiento de normas medioambientales estrictas dentro de los destinos turísticos, la promoción de prácticas de sostenibilidad entre los visitantes, y la generación de financiación a través del turismo que se puede reinvertir en conservación.

 **EJEMPLO**

Las actividades dentro del ecoturismo, como el senderismo en parques nacionales o el avistamiento de fauna, se diseñan de tal manera que reduzcan el deterioro del entorno y fomenten, a su vez, la valoración de la naturaleza.

Recorriendo el segundo pilar, el **respeto a la cultura local** es una prioridad en el ecoturismo. La integración de las comunidades locales en el turismo es esencial para garantizar que las actividades turísticas no solo no perjudiquen, sino que incluso fortalezcan las tradiciones y costumbres locales. El ecoturismo promueve una interacción genuina y respetuosa entre el turista y la comunidad local, otorgando al visitante una educación cultural y una comprensión más profunda del patrimonio inmaterial de los pueblos anfitriones.

El último pilar es el **desarrollo económico de las comunidades locales.** El ecoturismo tiene como uno de sus objetivos básicos lograr que las poblaciones locales se beneficien económicamente de las actividades turísticas.

Una característica definitoria del ecoturismo es su **compromiso educativo.** Más allá de ser una actividad recreativa, el ecoturismo busca crear una conexión emocional e intelectual entre el viajero y el destino. Las actividades educativas dentro del ecoturismo incluyen la interpretación ambiental, la observación de especies endémicas y el conocimiento sobre los ecosistemas particulares.

 **NOTA**

A través de guías capacitados e interpretativos, los visitantes no solo observan, sino que aprenden sobre la fragilidad, la belleza y la importancia de los espacios que visitan. Este aprendizaje no solo propicia una apreciación más profunda de la naturaleza, sino que también sensibiliza a los turistas sobre la necesidad de conservar y proteger.

De manera complementaria, es importante señalar que el ecoturismo va de la mano del turismo responsable, que es un enfoque que refuerza la preocupación por minimizar los impactos negativos y maximizar los beneficios asociados al turismo.

IMPORTANTE

Las regulaciones juegan un papel crucial en la definición y práctica del ecoturismo. Es necesario adoptar políticas sostenibles que guíen el desarrollo de proyectos ecoturísticos. Estas políticas están destinadas a asegurar el uso racional y sostenido de los recursos naturales, optimizar el aprovechamiento del turismo para las economías regionales y proteger las culturas autóctonas de influencias externas potencialmente dañinas.

- -

La gran paradoja en el ecoturismo radica en equilibrar la sostenibilidad con el atractivo para los turistas. Mientras el ecoturismo abarca el ideal de mínima huella ecológica, es fundamental que el diseño de experiencias ecoturísticas incluya opciones de turismo accesible y atractivo que no sacrifique la integridad ambiental ni cultural. Así, el desafío del ecoturismo no se limita únicamente a alcanzar el equilibrio perfecto entre estos componentes, sino a evolucionar constantemente en función del cambio de las expectativas sociales, las tecnologías y las amenazas al medioambiente.

A medida que la demanda por experiencias de turismo sostenible continúa aumentando a nivel mundial, es imperativo que la definición y las prácticas del ecoturismo continúen siendo claras y defendidas, abordando nuevos desafíos y estableciendo estándares que guíen su crecimiento responsable. En este sentido, el ecoturismo no es solo una industria, es un movimiento hacia un turismo más consciente, ético y armónico con el mundo natural, y se posiciona como una herramienta fundamental para la preservación del planeta y sus culturas en la era moderna.

Entre sus **características** distintivas se encuentra un estricto compromiso con la conservación ambiental, la inclusión comunitaria, el respeto cultural y el desarrollo sostenible.

Exploraremos estas características en profundidad para comprender perfectamente lo que distingue al ecoturismo de otros tipos de turismo:

- ⮒ **Conservación ambiental.** La conservación ambiental es el pilar central del ecoturismo. Este tipo de turismo persigue la preservación de áreas naturales, asegurando que las prácticas turísticas no tengan un impacto negativo en el ecosistema. Los ecoturistas son generalmente individuos conscientes del medioambiente que participan voluntariamente en actividades que contribuyen a la sostenibilidad. Estas actividades pueden variar desde caminatas guiadas por parques nacionales, donde se siguen estrictas pautas para minimizar el impacto en la flora y fauna, hasta la participación en proyectos de conservación, como la reforestación o la observación responsable de vida silvestre. El ecoturismo hace hincapié en la educación ambiental. Los ecoturistas son invitados a aprender sobre el equilibrio ecológico, la biodiversidad y el impacto humano en los ecosistemas. Este aprendizaje es facilitado a través de guías, materiales informativos, charlas y talleres que capacitan a los viajeros para actuar como embajadores del medioambiente en sus comunidades al regresar a casa.

- **Inclusión comunitaria.** Otra característica fundamental del ecoturismo es la inclusión y beneficio directo para las comunidades locales. A diferencia del turismo tradicional, que muchas veces explota los recursos locales sin justa retribución, el ecoturismo busca empoderar a las comunidades proporcionando oportunidades económicas de manera sostenible. Esto incluye la creación de empleos, el fortalecimiento de empresas locales y la implicación de los habitantes en la toma de decisiones sobre la gestión de los recursos. Por ejemplo, las comunidades locales a menudo participan en actividades turísticas actuando como guías, ofreciendo sus productos y servicios, o compartiendo sus conocimientos ancestrales sobre el entorno. Este enfoque no solo genera ingresos, sino que también asegura que las prácticas turísticas sean culturalmente sensibles y beneficiosas para todos los interesados.

  Además, el ecoturismo tiene un impacto positivo sobre el sentido de identidad cultural de las comunidades, ya que el intercambio cultural es altamente valorado. Las tradiciones, la artesanía, la música y la gastronomía local son promovidas y preservadas, asegurando su continuidad para las futuras generaciones.

- **Respeto cultural.** El respeto por las culturas locales es una característica indeleble del ecoturismo. Los ecoturistas no solo visitan un lugar; se sumergen en su cultura, aprenden de sus prácticas y se esfuerzan por comprender y respetar las tradiciones y costumbres del lugar. El trato respetuoso hacia las comunidades receptoras es crucial para la experiencia ecoturística. Se fomenta un turismo que no sea intrusivo y que observe las normas y valores de la cultura anfitriona. El ecoturismo promueve el diálogo abierto entre turistas y locales, favoreciendo el aprendizaje mutuo. Los ecoturistas deben estar preparados para adaptar sus comportamientos al contexto cultural, mostrando siempre una actitud de curiosidad, respeto y humildad.

- **Desarrollo sostenible.** El desarrollo sostenible es otro componente clave del ecoturismo. Este modelo de turismo se alinea con la famosa definición de sostenibilidad de la ONU, que implica satisfacer las necesidades del presente sin comprometer la capacidad de las generaciones futuras para satisfacer sus propias necesidades. Por lo tanto, el ecoturismo busca minimizar el impacto ambiental y maximizar el impacto económico y social positivo. Las instalaciones turísticas en el ecoturismo, como alojamientos, transportes y programas, son diseñadas para minimizar el uso de recursos naturales y promover la reutilización y el reciclaje. Por ejemplo, los alojamientos rurales pueden utilizar energía solar, sistemas de captación de agua de lluvia y prácticas de gestión de residuos sostenibles, sirviendo como modelos de innovación ecológica.

Además, el ecoturismo se esfuerza por erradicar el turismo masivo y las prácticas insostenibles. Una planificación meticulosa del flujo turístico es esencial, estableciendo límites en el número de visitantes y en la promoción de destinos menos conocidos para distribuir mejor la carga turística. Esto previene la degradación ambiental y cultural y promueve experiencias más auténticas e íntimas para los viajeros.

- **Educación y conciencia ambiental.** El ecoturismo va mano a mano con la educación, tanto para los visitantes como para las comunidades receptoras. Existen diversas actividades educativas, como talleres prácticos, conferencias y seminarios, que se desarrollan para aumentar la conciencia sobre la importancia de conservar nuestros ecosistemas naturales. Estas actividades buscan maximizar el compromiso de los participantes no solo durante el viaje, sino también una vez regresan a sus estilos de vida cotidianos. Por ejemplo, los programas educativos pueden centrarse en la identificación y preservación de flora y fauna local, enseñando a los ecoturistas la importancia de la biodiversidad y las cadenas tróficas. Además, pueden aprender sobre los efectos nocivos de prácticas insostenibles, como el turismo irresponsable, y sobre la importancia de apoyar el comercio justo y local.

- **Impacto positivo en las economías locales.** El ecoturismo también se caracteriza por su enfoque en fortalecer las economías locales a través del fomento de pequeñas empresas y la implementación de estrategias de comercio justo. Este enfoque asegura que la plusvalía generada se quede en su mayoría en las regiones anfitrionas, apoyando el bienestar integral de los residentes. Actividades como visitas a mercados locales, consumo de alimentos y artesanía autóctonos, así como la contratación de guías locales y el uso de servicios de transporte manejados por miembros de la comunidad, son prácticas comunes que promueven un ecoturismo responsable.

- **Interacción personalizada y auténtica con el medio natural y cultural.** Finalmente, el ecoturismo se distingue de otras formas de turismo más convencionales por ofrecer interacciones individualizadas y genuinas con el medio natural y cultural. Los ecoturistas buscan inmersiones auténticas que les permitan experimentar de manera más profunda la singularidad de cada destino. Esta característica garantiza experiencias inolvidables y transforma a los visitantes en defensores del patrimonio natural y cultural del lugar que han tenido la oportunidad de conocer.

El ecoturismo es un enfoque integral para viajar que combina la conservación ambiental con el enriquecimiento cultural y el desarrollo sostenible. A través de sus características principales, los ecoturistas no solo obtienen experiencias enriquecedoras, sino que contribuyen activamente a un futuro en el que el turismo y la naturaleza prosperen de la mano. Esta visión es vital en tiempos donde el cambio climático y la degradación ambiental amenazan la diversidad de nuestro planeta.

Uno de los **beneficios** más inmediatos del ecoturismo es su capacidad para generar ingresos económicos. Las áreas que fomentan este tipo de turismo a menudo son regiones donde las oportunidades económicas pueden ser limitadas. A través del ecoturismo, se crean puestos de trabajo directos, como guías turísticos, intérpretes ambientales, personal de alojamiento y transporte. Además, existen empleos indirectos dentro de sectores como la gastronomía local, la artesanía y los servicios asociados al turismo.

 EJEMPLO

Algunas comunidades en la Amazonía peruana han desarrollado iniciativas de ecoturismo que no solo han aumentado sus ingresos, sino que también han incentivado la creación de microempresas locales. Además, este tipo de turismo puede proporcionar ingresos adicionales a través de tasas de entrada a parques naturales y reservas, que pueden ser reinvertidas en la conservación y protección de estos espacios.

Un ejemplo similar en España se puede encontrar en La Alpujarra, una región montañosa en las provincias de Granada y Almería. Aquí, las comunidades locales han impulsado iniciativas de ecoturismo que han permitido diversificar las fuentes de ingresos de la zona, tradicionalmente centradas en la agricultura y la ganadería.

En La Alpujarra, los habitantes han promovido el turismo rural y actividades ecoturísticas, como rutas de senderismo, observación de aves y visitas a las alquerías tradicionales y huertas ecológicas. Estas iniciativas han facilitado la creación de microempresas locales que ofrecen alojamiento en casas rurales, guías locales y productos artesanales como alfombras y embutidos. Además, la promoción de un turismo respetuoso con el entorno ha permitido que muchos turistas se acerquen a esta zona para disfrutar de su patrimonio natural y cultural único.

Continúa en página siguiente >>

<< *Viene de página anterior*

Este modelo ecoturístico ha permitido no solo la conservación del medioambiente, sino también un desarrollo económico sostenible que beneficia directamente a las comunidades locales, favoreciendo su participación activa en la gestión del turismo y asegurando que los beneficios generados sean distribuidos equitativamente.

Los **beneficios** del ecoturismo abarcan los siguientes **campos:**

- ➲ **Beneficios económicos:** uno de los beneficios más inmediatos del ecoturismo es su capacidad para generar ingresos económicos. Las áreas que fomentan este tipo de turismo a menudo son regiones donde las oportunidades económicas pueden ser limitadas. A través del ecoturismo, se crean puestos de trabajo directos, como guías turísticos, intérpretes ambientales, personal de alojamiento y transporte. Además, existen empleos indirectos dentro de sectores como la gastronomía local, la artesanía y los servicios asociados al turismo.
- ➲ **Beneficios ambientales:** el ecoturismo, al estar intrínsecamente ligado a la naturaleza, fomenta la conservación del medioambiente. Las actividades turísticas correctamente gestionadas pueden minimizar el impacto humano en el ecosistema y actuar como una herramienta para la preservación. Además, el ecoturismo promueve la educación ambiental, aumentando la conciencia sobre la necesidad de cuidar el planeta entre los turistas y las comunidades anfitrionas.
  Un ejemplo exitoso es la Reserva de la Biosfera de Sian Ka'an en México, donde el ecoturismo ha jugado un papel crucial en proteger su biodiversidad. Las visitas guiadas en la reserva proporcionan a los visitantes un conocimiento más profundo sobre los ecosistemas locales, las especies en peligro de extinción y las amenazas ambientales.
- ➲ **Beneficios socioculturales:** el ecoturismo también juega un papel en la valorización y preservación de la cultura local. Las comunidades utilizan esta plataforma para compartir su patrimonio cultural con los visitantes. Esta interacción fomenta un mayor entendimiento y respeto entre culturas diversas y puede conducir a la revitalización cultural, al inspirar un renovado interés en las tradiciones locales.
  Por ejemplo, en Bhutan, las actividades de ecoturismo incluyen la participación en eventos culturales tradicionales, como festivales y ceremonias religiosas, permitiendo a los turistas experimentar y aprender sobre la cultura local de maneras auténticas. Esto no solo mejora la experiencia del visitante, sino que también contribuye al orgullo cultural de la comunidad.

- **Beneficios educativos:** el ecoturismo proporciona una oportunidad única para la educación ambiental. A diferencia de otros tipos de turismo, el objetivo del ecoturismo es educar a los visitantes sobre la importancia de conservar la naturaleza. Esto incluye la comprensión de problemas ecológicos globales y la importancia de las prácticas sostenibles.

  Los programas en regiones como Costa Rica han establecido itinerarios que incluyen visitas a centros de conservación y rescate animal, donde los turistas no solo pueden observar la fauna autóctona, sino también conocer los esfuerzos realizados para proteger sus hábitats. De esta forma, los turistas se convierten en embajadores de la naturaleza, llevando conocimientos y experiencias a sus países de origen.

- **Beneficios para el bienestar personal:** el contacto con la naturaleza no solo enriquece el conocimiento y la conciencia ambiental, sino que también mejora el bienestar físico y mental de los individuos. La participación en actividades al aire libre, como caminatas, senderismo o canotaje, ofrece beneficios para la salud física al fomentar el ejercicio. Además, la exposición a los paisajes naturales está asociada a la reducción del estrés, la mejora del estado de ánimo y el aumento de la creatividad.

  Los parques nacionales de Nueva Zelanda, donde el ecoturismo está altamente desarrollado, ofrecen a los visitantes una experiencia inmersiva en la naturaleza a través de tranquilos senderos en bosques ancestrales, permitiendo a las personas desconectar del agitado ritmo de la vida urbana y disfrutar de la serenidad natural.

- **Sensibilización y responsabilidad:** el impacto positivo del ecoturismo no se limita al tiempo del viaje, sino que se extiende más allá de la experiencia turística. Los turistas que participan en actividades de ecoturismo suelen desarrollar una mayor sensibilidad y responsabilidad hacia el medioambiente. Esto puede traducirse en cambios de comportamiento duraderos, como una mayor adopción de prácticas sostenibles en su vida diaria.

  Por ejemplo, el Parque Nacional Totumo en Colombia fomenta el uso de prácticas de bajo impacto entre sus visitantes, quienes, al regresar a casa, frecuentemente adoptan iniciativas como el reciclaje, la reducción del uso de plásticos y la participación en programas comunitarios de sostenibilidad.

- **Construcción de redes y alianzas globales:** el ecoturismo también facilita la creación de alianzas entre diversas partes interesadas, incluidas ONG, gobiernos, empresas y comunidades locales, para desarrollar proyectos de turismo sostenible. Estas asociaciones no solo mejoran el impacto económico y social del ecoturismo, sino que también amplían las oportunidades de colaboración internacional.

  Por ejemplo, proyectos en la región del Sahel en África han unido esfuerzos de entidades gubernamentales, ONG y grupos comunitarios para promover el ecoturismo como una estrategia para el desarrollo sostenible y la conservación del medioambiente, al tiempo que maximizan beneficios mutuos.

Los beneficios del ecoturismo son profundos y multifacéticos, e impactan positivamente las esferas económica, ambiental, sociocultural, educativa, personal y global. No solo representa una vía de desarrollo sostenible para las comunidades locales, sino que también juega un papel vital en la preservación de la biodiversidad y el fomento de prácticas responsables y sostenibles en turistas de todo el mundo. Sin embargo, para aprovechar al máximo estos beneficios, es esencial desarrollar y gestionar cuidadosamente los proyectos de ecoturismo, asegurando que las prácticas sean auténticas y estén alineadas con los principios de sostenibilidad y responsabilidad social trazados anteriormente.

El ecoturismo ayuda a preservar los ecosistemas al generar ingresos que se reinvierten en la protección de la biodiversidad, minimizando el impacto ambiental y promoviendo prácticas sostenibles en las comunidades locales.

 **VÍDEO**

A continuación, puedes ver un vídeo para descubrir la paradoja unida al turismo ecológico. Accede al vídeo desde aquí:

Continúa en página siguiente >>

<< Viene de página anterior

https://redirectoronline.com/hotu00020101

- -

 **APLICACIÓN PRÁCTICA**

Loreto es la presidenta de Selva Viva, una ONG dedicada a la conservación de los bosques tropicales en una región de Perú. Su misión es preservar los ecosistemas forestales, proteger la biodiversidad y empoderar a las comunidades locales mediante proyectos sostenibles. Loreto cree que el ecoturismo puede ser una herramienta clave para cumplir estos objetivos y está diseñando un plan que combine el turismo responsable con la conservación. ¿Cuál es la mejor forma en que Loreto podría explicar cómo su ONG utilizará el ecoturismo para colaborar en la protección forestal?

Posible Solución

"Selva Viva trabaja en conjunto con comunidades locales, autoridades y empresas turísticas para diseñar experiencias de ecoturismo responsables, que respeten los ecosistemas y generen ingresos sostenibles para proteger los bosques".

Esta es la mejor opción porque refleja los principios fundamentales del ecoturismo sostenible y la misión de una ONG dedicada a la conservación forestal:

- Enfoque colaborativo: el ecoturismo sostenible necesita alianzas entre diversos actores: comunidades locales, empresas privadas y gobiernos. Este enfoque asegura que los intereses de todas las partes sean considerados, especialmente los de las comunidades que habitan las áreas protegidas.
- Conservación y sostenibilidad económica: diseñar experiencias de ecoturismo responsables permite proteger los ecosistemas al mismo tiempo que se generan ingresos. Este modelo incentiva a las comunidades locales

Continúa en página siguiente >>

<< Viene de página anterior

a priorizar la conservación de los bosques en lugar de recurrir a prácticas insostenibles como la deforestación.

- Educación y sensibilización: el trabajo de la ONG también debe incluir educar a los visitantes sobre la importancia de los bosques, su biodiversidad y el papel de estos ecosistemas en mitigar el cambio climático. Esto fomenta una conexión emocional y de responsabilidad en los turistas.
- Impacto positivo a largo plazo: al respetar y proteger el entorno natural, este enfoque garantiza que los bosques y su biodiversidad puedan seguir siendo disfrutados y sostenidos por las generaciones futuras.

2.2. Agentes implicados en el ecoturismo

El ecoturismo, como parte integral de una estrategia de desarrollo sostenible, requiere la participación de múltiples agentes que trabajan conjuntamente para equilibrar las necesidades económicas, sociales y ambientales. Comprender la dinámica de estos agentes es esencial para el éxito de iniciativas ecoturísticas que no solo persigan beneficios inmediatos, sino que también aseguren la conservación a largo plazo del patrimonio natural y cultural.

A continuación, se detallan los principales **actores** involucrados en el ecoturismo y sus respectivos **roles:**

- ➲ **Gobierno y organismos públicos.** Los gobiernos juegan un papel fundamental en el establecimiento del marco legal y regulatorio que rige el ecoturismo. A través de legislaciones específicas y políticas de conservación, los organismos públicos pueden facilitar, supervisar y controlar la implementación de prácticas ecoturísticas. Los gobiernos locales y nacionales también son responsables de garantizar que existan incentivos adecuados para promover el ecoturismo, incluidos subsidios, exenciones fiscales o ayudas económicas dirigidas a iniciativas de menor escala. Asimismo, son responsables de la gestión de áreas protegidas, impulsando la formación de personal capacitado y dedicando recursos al mantenimiento y cuidado de recursos naturales.
- ➲ **Empresas ecoturísticas.** Las empresas constituyen el puente entre los turistas y las experiencias ecoturísticas. Estas organizaciones (empresas del sector alojamiento, transporte, guías turísticos, entre otros) tienen la responsabilidad de operar de manera consciente minimizando sus impactos ambientales y contribuyendo activamente a la conservación

de la biodiversidad y al bienestar de las comunidades anfitrionas. Las prácticas empresariales sostenibles pueden incluir el uso de energías renovables, la reducción de residuos, la conservación del agua y el diseño de actividades que permitan una auténtica inmersión cultural sin explotación ni alteraciones negativas.

- **ONG y organizaciones de conservación.** Estas entidades desempeñan un papel crucial en la promoción, defensa y ejecución de iniciativas de conservación que pueden ser integradas dentro de programas de ecoturismo. Las ONG tienen la capacidad de trabajar tanto a nivel local como global, movilizando recursos, gestionando proyectos de conservación y proporcionando educación ambiental a turistas y comunidades. También actúan como organismos de inspección y certificación que validan y reconocen prácticas ecoturísticas que cumplen con ciertos estándares.

- **Comunidades locales e indígenas.** Las comunidades que gestionan y habitan las zonas de interés ecoturístico son agentes clave en el desarrollo de proyectos sostenibles. Su conocimiento tradicional, relación histórica con la tierra y prácticas de uso de recursos son fundamentales en el diseño de actividades auténticas y respetuosas con el medioambiente y la cultura. El ecoturismo ofrece oportunidades económicas para estas comunidades, permitiéndoles diversificar sus fuentes de ingreso sin alejarse de su modo de vida tradicional. La participación y empoderamiento de las comunidades locales aseguran que se benefician directamente del ecoturismo, lo que a su vez refuerza la conservación del entorno natural.

- **Visitantes y turistas.** Los turistas deben ser conscientes de su impacto y comportarse de manera responsable durante sus visitas. La educación al visitante es esencial, por lo que se deben establecer y promover códigos de conducta claros destinados a minimizar impactos negativos. Los turistas seleccionan, en gran medida, la dirección que toma la industria ecoturística mediante sus preferencias y decisiones de consumo. Un turista informado es capaz de contribuir positivamente mediante el respaldo económico a proyectos comprometidos con la sostenibilidad y la justicia social.

- **Científicos e investigadores.** Los académicos y científicos proporcionan datos y análisis esenciales que fundamentan los proyectos ecoturísticos en su componente más sostenible. Su trabajo proporciona la base para entender mejor los ecosistemas y las relaciones entre el turismo y los recursos naturales, ayudando así a desarrollar prácticas más efectivas de conservación. Las investigaciones también pueden contribuir al desarrollo de tecnología sostenible, ayudando a mitigar el impacto humano en el medioambiente.

- **Educadores y formadores.** La educación desempeña un papel crucial en el cambio hacia prácticas ecoturísticas sostenibles. Educadores en instituciones académicas y de formación profesional proveen a la próxima generación de ecoturistas y profesionales del sector las herramientas y conocimientos necesarios para comprender y aplicar los principios del ecoturismo. Estos programas enfatizan la importancia de la biodiversidad, la conservación y la colaboración intersectorial.

● **Empresas de transporte.** Las empresas dedicadas al transporte, al ofrecer servicios hacia y dentro de las áreas ecoturísticas, deben incorporar iniciativas sostenibles en sus operaciones. Esto puede incluir la utilización de vehículos eficientes, la promoción de medios de transporte no contaminantes y la optimización de rutas que reduzcan las emisiones de carbono. Deben involucrarse también en educar a los turistas sobre prácticas de viaje responsables y sostenibles.

La conjunción de estos agentes es vital para la formulación y ejecución de una estrategia de ecoturismo eficaz. Solo a través de la colaboración honesta y la dedicación de todos los implicados podrá evolucionar hacia un modelo que proporcione beneficios equitativos y sostenibles para el medioambiente, las comunidades locales y los turistas. En este sentido, los proyectos de ecoturismo exitosos se construyen sobre la base de alianzas sólidas, el respeto por los conocimientos locales, la participación activa de las comunidades y el compromiso con la educación continua. Al integrar y coordinar los esfuerzos de estos actores, se puede lograr un impacto positivo duradero que trascenderá más allá de las generaciones futuras.

 PARA SABER MÁS

En el siguiente enlace puede conocer en qué consiste el Club del Ecoturismo en España. Accede desde aquí:

https://redirectoronline.com/hotu00020102

ACTIVIDAD COMPLEMENTARIA

1. Investiga en fuentes externas ejemplos de ONG de carácter medioambiental que favorezcan el ecoturismo y explica su importancia en un informe.

Operadores turísticos

Los operadores turísticos son aquellos individuos o empresas dedicados a crear, vender o gestionar paquetes turísticos, y desempeñan un papel crucial en la estructura del ecoturismo. A diferencia del turismo masivo tradicional, el ecoturismo se enfoca en minimizar los impactos negativos sobre los ecosistemas y comunidades anfitrionas, mientras promueve el respeto por la cultura local y la conservación del medioambiente.

En el ámbito del ecoturismo, es fundamental que los operadores turísticos asuman un papel activo en la preservación del medioambiente y las culturas locales. Adoptar un enfoque responsable y sostenible no solo contribuye a minimizar el impacto ambiental, sino que también promueve un intercambio auténtico y respetuoso entre visitantes y comunidades anfitrionas.

Algunas de las principales **características** de los operadores turísticos son:

- **El rol de los operadores turísticos en el ecoturismo.** Los operadores turísticos actúan como enlaces primordiales entre el visitante y el destino. Su función va más allá de simplemente vender un paquete turístico; son responsables de diseñar experiencias que cumplan con los principios del ecoturismo, que incluyen la conservación, la educación ambiental, el respeto cultural y el beneficio económico para las comunidades locales. Un buen operador turístico debe conocer profundamente el destino, sus características naturales, culturales y sociales, lo que le permitirá desarrollar programas que fomenten la interacción respetuosa y educativa entre visitantes y anfitriones.
- **Planificación y diseño de productos turísticos sostenibles.** Una de las principales tareas de los operadores es la planificación y el diseño de productos turísticos que se alineen con los principios del ecoturismo. Esto implica realizar un análisis exhaustivo del destino, identificando sus puntos fuertes y débiles, y evaluando la capacidad de acogida del entorno natural y social. Es esencial que el operador trabaje en colaboración con biólogos, conservacionistas y líderes comunitarios para garantizar que

los itinerarios planeados no comprometan los recursos naturales o culturales. Por ejemplo, al planificar visitas a un bosque protegido, se debe asegurar que el grupo visitante es limitado y que las rutas no interfieren con los hábitats críticos.

- **Formación y sensibilización de guías turísticos.** Los guías turísticos son la cara visible del operador en el destino y juegan un rol vital en la experiencia del turista. Para garantizar una experiencia enriquecedora y educativa, los operadores deben invertir en la formación y sensibilización de sus guías, capacitándolos en temas como ecología local, historia cultural, técnicas de interpretación ambiental y primeros auxilios. Un guía bien informado puede transformar un recorrido en una experiencia educativa, que motive a los visitantes a adoptar prácticas más sostenibles y respetuosas con el medioambiente en su vida cotidiana.

- **Relación con las comunidades locales.** Los operadores turísticos deben establecer una relación directa y equitativa con las comunidades locales. Una parte esencial del ecoturismo es que las comunidades reciban beneficios económicos directos del turismo, mejorando su calidad de vida y fomentando la conservación del entorno. Los operadores deberían integrar servicios y productos locales, como alojamientos gestionados por la comunidad, excursiones guiadas por residentes locales, y la compra de artículos artesanales. Por ejemplo, un operador podría incluir en su itinerario una visita a un taller de artesanía indígena, proporcionando tanto una plataforma de venta para los artesanos como una experiencia cultural auténtica para los turistas.

- **Implementación de prácticas de conservación.** El compromiso con la conservación del entorno es una marca distintiva del ecoturismo. Los operadores turísticos deben implementar prácticas sostenibles en todas las etapas del viaje, desde el transporte hasta el alojamiento. Esto podría incluir el uso de vehículos con menor emisión de carbono, la elección de alojamientos que utilicen energías renovables, prácticas de reciclaje, y la provisión de comidas preparadas con productos locales y orgánicos. Algunos operadores avanzan un paso más, involucrándose directamente en proyectos de conservación al donar una parte de las ganancias, o facilitando programas de voluntariado donde los turistas pueden participar activamente en esfuerzos de conservación, como reforestaciones o cuidados de fauna.

- *Marketing* **responsable en ecoturismo.** El *marketing* desempeña un papel crucial en las operaciones turísticas, pero en ecoturismo es fundamental que este *marketing* sea transparente y honesto. Las estrategias de comunicación deben evitar el *greenwashing* (ecoblanqueo) y deben centrarse en formar e informar a los potenciales turistas sobre las verdaderas prácticas sostenibles que se priorizan. Esto incluye proporcionar información detallada sobre las características ecosostenibles del paquete turístico y los beneficios que genera para la comunidad local y el entorno. Al comunicar eficazmente el valor añadido del ecoturismo frente a otras formas de turismo, se puede educar al público y fomentar una demanda consciente y responsable.

⊃ **Desafíos y oportunidades para los operadores de ecoturismo.** Los operadores turísticos enfrentan varios desafíos al integrar la sostenibilidad en sus negocios. La frecuencia de crisis ambientales, la fluctuación en las regulaciones gubernamentales y las demandas cambiantes de los consumidores pueden complicar las operaciones. Sin embargo, estos desafíos también presentan oportunidades para innovar y liderar cambios positivos en la industria. Los operadores que logran adaptar sus prácticas de manera efectiva no solo ganan la lealtad de los clientes conscientes, sino que también contribuyen significativamente al desarrollo sostenible a nivel global y local.

Algunos operadores han aprovechado la tendencia creciente del turismo regenerativo, que no solo busca minimizar los daños, sino que intenta incrementar la resistencia de los ecosistemas y restaurar su integridad a un nivel superior al estado previo. Este enfoque más avanzado requiere una planificación minuciosa, mayores inversiones en desarrollo comunitario y un enfoque holístico en las experiencias de los visitantes.

Para concluir, los operadores turísticos en el ámbito del ecoturismo desempeñan un papel estratégico en la creación de un turismo más respetuoso con el medioambiente y las culturas locales. Tienen la responsabilidad de enriquecer las experiencias de viaje mientras aseguran que estas actividades contribuyan positivamente a la conservación del patrimonio natural y cultural. A través de la innovación, la colaboración y el cumplimiento estricto de principios éticos, tienen el potencial no solo de satisfacer una creciente demanda de turistas concienciados, sino también de ser líderes proactivos en el cambio hacia un mundo más sostenible.

 TAREA 1

Clara es una operadora turística que se ha especializado en ofrecer experiencias de ecoturismo en la región de los Pirineos. Su objetivo es diseñar viajes que respeten el medioambiente y favorezcan a las comunidades locales. Para ello, trabaja en estrecha colaboración con biólogos, guías locales y artesanos, creando experiencias únicas para los turistas que también contribuyen a la conservación de la biodiversidad y el desarrollo económico local.

Continúa en página siguiente >>

<< Viene de página anterior

Clara está enfrentando diversos desafíos, como la necesidad de ajustar sus ofertas a las nuevas normativas ambientales y, al mismo tiempo, asegurarse de que sus itinerarios no sobrecarguen los espacios naturales. En su último viaje, organizó una excursión al Parque Nacional de Ordesa y Monte Perdido, donde limitó la cantidad de visitantes y diseñó rutas que minimizan el impacto sobre los ecosistemas. Además, Clara ha implementado prácticas sostenibles en su negocio, como el uso de transporte ecológico, alojamiento en ecohoteles que emplean energía renovable y la inclusión de productos locales en las comidas.

¿Podrías ayudar a Clara a contestar a las siguientes preguntas?

1. ¿Qué medidas tomas para garantizar que tus itinerarios respeten el medioambiente y no sobrecarguen los ecosistemas?
2. ¿Cómo integras a las comunidades locales en tus itinerarios y qué beneficios crees que pueden obtener de tu enfoque de ecoturismo?
3. ¿Cómo te aseguras de que los guías turísticos estén bien preparados para ofrecer una experiencia educativa y respetuosa con la naturaleza?
4. ¿Qué desafíos enfrentas al integrar prácticas de ecoturismo y cómo los conviertes en oportunidades para mejorar tu negocio?

ONG y organizaciones de conservación

En el ámbito del ecoturismo, las organizaciones no gubernamentales (ONG) y las organizaciones de conservación desempeñan un papel vital en la protección del medioambiente y el desarrollo de prácticas sostenibles. Al igual que las comunidades locales, estas entidades son piezas fundamentales para garantizar que el turismo en áreas naturales intensifique sus beneficios ecológicos, sociales y económicos, mientras minimiza los impactos negativos sobre los ecosistemas y las culturas locales.

Los **aspectos** importantes de estas entidades son:

- ⮞ **Importancia de las ONG en el ecoturismo.** Las ONG han emergido como actores clave en la promoción del ecoturismo debido a su capacidad para movilizar recursos, conocimiento y experiencia técnica. Estas organizaciones, generalmente no lucrativas, cuentan con la flexibilidad necesaria para implementar proyectos de conservación e iniciativas ecoturísticas que quizás no se ejecuten dentro de las estructuras gubernamentales más tradicionales.

Un ejemplo es la participación de ONG en la creación de áreas protegidas y programas de certificación. La certificación ecoturística, muchas veces presentada por ONG, asegura que los destinos y operadores cumplan con criterios de sostenibilidad que protegen el medioambiente y respetan las culturas locales. *Rainforest Alliance* es un ejemplo prominente, que proporciona sellos de certificación a empresas que operan con responsabilidad ambiental.

- **Colaboraciones con comunidades locales.** A menudo, las ONG trabajan directamente con las comunidades locales para establecer programas que empoderen a estas comunidades y les permitan beneficiarse del ecoturismo y proteger sus tierras y costumbres ancestrales. Por ejemplo, en muchos casos, ONG como el Fondo Mundial para la Naturaleza (WWF) o *Conservation International* facilitan la creación de proyectos de ecoturismo administrados por comunidades indígenas, proporcionándoles educación sobre prácticas de conservación y capacidades de gestión empresarial.

Tales programas no solo se enfocan en la conservación ambiental, sino también en el desarrollo social, ofreciendo herramientas para mejorar la calidad de vida de las comunidades locales mediante la diversificación de sus fuentes de ingreso. El éxito de estas iniciativas depende en gran medida de la capacidad de las ONG para respetar y comprender las dinámicas culturales y políticas específicas de cada área.

- **Proyectos internacionales y redes de colaboración.** Las ONG también juegan un papel crucial en la articulación de proyectos internacionales que proporcionan una perspectiva global a los desafíos de conservación. La colaboración a través de redes internacionales, como la Unión Internacional para la Conservación de la Naturaleza (UICN) o la Red de Ecoturismo de América Latina, permite compartir experiencias y estrategias efectivas en la protección de la biodiversidad a través del turismo basado en la naturaleza.

Estas redes facilitan el intercambio de conocimiento y buenas prácticas, fortaleciendo las capacidades de las organizaciones locales e incrementando su impacto positivo a nivel global. Asimismo, permiten coordinar acciones de conservación en regiones que trascienden fronteras nacionales, garantizando así un enfoque coherente en la protección de corredores biológicos esenciales para la fauna migratoria.

- **Rol de las organizaciones de conservación.** Más allá de las ONG, numerosas organizaciones de conservación centran sus esfuerzos en la investigación científica y la implementación de medidas prácticas para preservar hábitats críticos. Estas organizaciones, alineadas con el ecoturismo, generan datos esenciales que guían políticas y acciones conservacionistas.

Por ejemplo, organizaciones como la Sociedad para la Conservación de la Vida Silvestre (WCS) o la Fundación Charles Darwin para las Islas Galápagos llevan a cabo investigaciones exhaustivas que contribuyen a un mejor entendimiento de los ecosistemas, lo cual es crucial para establecer prácticas de turismo responsable que no interrumpan funciones ecológicas esenciales.

◲ **Educación ambiental y sensibilización.** Otro aspecto crucial del trabajo de las ONG y las organizaciones de conservación en el ámbito del ecoturismo es la educación ambiental y la sensibilización. Herramientas como talleres, campañas de sensibilización y la oferta de programas educativos ayudan a los turistas a entender el valor de los lugares que visitan, fomentando un comportamiento más responsable y consciente. Por ejemplo, *Ocean Conservancy* trabaja en la educación sobre la importancia de la conservación de los océanos, ofreciendo experiencias ecoturísticas que enseñan a las personas la necesidad de preservar los recursos marinos. Tales iniciativas no solo dejan un impacto positivo directo sobre el entorno, sino que también transforman las actitudes de los turistas, convirtiéndolos en defensores de la conservación tras su retorno a casa.

◲ **Desafíos comunes en la implementación.** A pesar de los numerosos aportes que brindan, las ONG y organizaciones de conservación enfrentan desafíos significativos al operar en el contexto del ecoturismo. La obtención de financiación continua es un obstáculo perenne, dado que muchos de sus proyectos dependen de donaciones y cuentan con financiación limitada.

Además, existe la necesidad de equilibrar las expectativas de los turistas con la capacidad de carga de los sitios naturales. Un turismo excesivo o mal manejado puede causar un daño irreversible, por lo cual estas organizaciones deben manejar cuidadosamente la promoción de destinos en conjunto con el diseño de estrategias que mitiguen cualquier impacto negativo.

◲ **La importancia de políticas integradas.** Es fundamental que las ONG, las organizaciones de conservación y los gobiernos trabajen de manera coordinada en la creación de políticas integradas que aseguren que el ecoturismo promueva verdaderamente la conservación y el bienestar comunitario. La buena gobernanza y la implementación consistente de normativas ambientales son cruciales para el éxito de cualquier iniciativa de ecoturismo sostenible.

Las ONG y las organizaciones de conservación tienen un papel inigualable en fortalecer el ecoturismo como medio para la protección del medioambiente y la mejora del bienestar de las comunidades locales. Su capacidad de liderar con flexibilidad, innovar y colaborar internacionalmente las posiciona como líderes en el movimiento hacia un turismo más consciente.

NOTA

Como elementos complementarios a las iniciativas de las comunidades locales y los gobiernos, las ONG y las organizaciones de conservación poseen la experiencia y el compromiso necesarios para guiar el desarrollo del ecoturismo en un futuro sostenible.

El ecoturismo no solo ofrece beneficios ambientales, sino también económicos y culturales, promoviendo un desarrollo sostenible que refuerza el impulso económico de las comunidades locales mientras protege su patrimonio cultural y natural. Esto se logra mediante la colaboración entre diversos agentes implicados en esta práctica. Operadores turísticos que diseñan y ejecutan itinerarios basados en principios sostenibles, comunidades locales que adoptan roles protagónicos en la gestión del turismo en sus territorios, y organizaciones no gubernamentales (ONG) y entidades de conservación que ofrecen apoyo e investigación son parte fundamental de un engranaje que busca el equilibrio entre la promoción de destinos y la preservación de los mismos.

La participación de estos agentes en el ecoturismo es esencial para asegurar que la actividad turística beneficie tanto a las personas como a la naturaleza, creando experiencias significativas que trasciendan lo superficial y fomenten un entendimiento más profundo del entorno natural y cultural. A su vez, el ecoturismo alienta a los viajeros a convertirse en defensores de la naturaleza, fortaleciendo el vínculo entre las personas y el planeta, y promoviendo conductas responsables que pueden ser replicadas en otras esferas de la sociedad.

3. Presentación de la historia y surgimiento del ecoturismo

 **HILO CONDUCTOR**

Ecolodge Green Park se alinea con la misión transformadora del ecoturismo, promoviendo un modelo de alojamiento y experiencia que va más allá del simple

Continúa en página siguiente >>

<< Viene de página anterior

disfrute. La empresa no solo ofrece una estancia sostenible en plena naturaleza, sino que también impulsa prácticas que educan a los visitantes sobre la importancia de la conservación y el respeto cultural. Al integrar a las comunidades locales y aplicar políticas de sostenibilidad, *Ecolodge Green Park* ejemplifica el cambio en la gestión de áreas naturales y refuerza la relevancia de un turismo que preserva, conecta y genera un impacto positivo en el entorno.

El ecoturismo surge como una alternativa de turismo responsable, uniendo el placer de viajar con el compromiso de conservar el medioambiente y apoyar a las comunidades locales. A diferencia del turismo convencional, que puede dañar ecosistemas y culturas, el ecoturismo busca minimizar estos impactos y fomentar la armonía entre visitantes y entornos naturales. Nacido de una conciencia ambiental global que comenzó en el siglo XX, este movimiento integra principios ecológicos, respeto cultural y educación ambiental, creando oportunidades económicas para comunidades locales y fondos para la conservación. El ecoturismo ha promovido la adopción de políticas orientadas a la sostenibilidad, impulsando la creación de áreas protegidas y la conservación de hábitats críticos que albergan una rica biodiversidad. Estas iniciativas no solo preservan el medioambiente, sino que también fortalecen las economías locales y fomentan el respeto por las culturas tradicionales. Así, el turismo, cuando se planifica y gestiona de forma responsable, se transforma en una herramienta poderosa para proteger la naturaleza y apoyar a las comunidades anfitrionas. En esencia, el ecoturismo encarna un compromiso integral con la preservación del equilibrio ecológico y cultural, alentando a los viajeros a asumir un rol activo en la protección y cuidado del planeta.

3.1. Breve historia del ecoturismo

El término "ecoturismo" es relativamente joven, y emergió cuando la conciencia ambiental empezó a ganar tracción en las últimas décadas del siglo XX. Sin embargo, sus raíces filosóficas pueden rastrearse mucho más atrás, a un tiempo en el que el interés por la naturaleza comenzó a entrelazarse significativamente con el deseo humano de viajar y experimentar lo natural de una manera respetuosa y responsable. En esta breve historia, nos adentraremos en la evolución del concepto y su transformación en una práctica viable y vital en el mundo contemporáneo.

El concepto de ecoturismo comenzó a tomar forma mucho antes de que se acuñara el término en 1983. A finales del siglo XIX y principios del XX, surgieron iniciativas para proteger el medioambiente, como la creación de parques nacionales, siendo Yellowstone, en 1872, el primero de su tipo. Estos parques fueron establecidos para preservar los ecosistemas ante la urbanización y el desarrollo industrial, a la vez que se brindaba acceso al público para disfrutar de la naturaleza. La creación de parques como Banff en Canadá (1885) y la Red de Parques Nacionales en Australia en el siglo XX reflejaron una tendencia global hacia la conservación ambiental.

En las décadas de 1970, la creciente preocupación por el impacto ambiental de las actividades humanas y la crisis del petróleo despertaron la necesidad de un desarrollo más sostenible. La Conferencia de las Naciones Unidas sobre el Medio Humano en 1972, celebrada en Estocolmo, fue un hito que impulsó la integración de preocupaciones ambientales en el desarrollo económico y social. Durante este periodo, se comenzó a considerar el turismo como una herramienta para promover la conservación, sugiriendo que la industria turística podía convertirse en una aliada de la protección del medioambiente.

Fue en 1983 cuando el arquitecto mexicano Héctor Ceballos-Lascuráin formalizó el término "ecoturismo", definiéndolo como un tipo de viaje responsable en áreas naturales que favoreciera la conservación, tuviera bajo impacto ambiental y generara beneficios socioeconómicos para las comunidades locales. En 1990, se fundó *The International Ecotourism Society* (TIES), que comenzó a difundir principios éticos y directrices para la práctica del ecoturismo.

A medida que la demanda de experiencias de viajes más conscientes crecía, el ecoturismo se consolidó como una industria multimillonaria a finales del siglo XX y principios del XXI. Este modelo de turismo no solo ayudó a conservar áreas naturales, sino que también se convirtió en una fuente económica vital para comunidades en regiones biodiversas, como África, América Latina y Asia. En 2002, la ONU promovió el Año Internacional del Ecoturismo, resaltando la importancia de integrar la sostenibilidad en el turismo global y garantizando que los beneficios económicos se distribuyeran equitativamente entre las comunidades locales.

IMPORTANTE

Hoy, el ecoturismo representa una de las opciones más prometedoras para promover un desarrollo equilibrado y respetuoso con el medioambiente. Sin embargo, su éxito depende de la gestión cuidadosa y la colaboración entre comunidades, gobiernos e industria. A medida que los efectos del cambio climático se hacen más evidentes, el ecoturismo debe evolucionar, no solo mitigando su impacto ambiental, sino también adaptándose a los nuevos desafíos que presenta un mundo en transformación constante.

Orígenes del ecoturismo

Los orígenes del ecoturismo se encuentran intrínsecamente vinculados a la creciente conciencia ambiental que tuvo lugar a lo largo del siglo XX. El término "ecoturismo" es relativamente moderno, y fue definido formalmente aún más recientemente. Sin embargo, sus fundamentos se establecieron décadas antes, en una época en la cual tanto las organizaciones ambientales como los destinos turísticos comenzaron a reconocer la importancia de promover un turismo que respetara y conservara el entorno natural:

- ⮑ **La conciencia ambiental global.** El auge del ecoturismo tiene sus raíces en la conciencia ambiental global, que comenzó a ganar fuerza a mediados del siglo XX. Después de la Segunda Guerra Mundial, la industrialización y el consumo masivo empezaron a generar serios impactos ambientales que no pasaron desapercibidos para la comunidad científica y para el público en general. La publicación de Silent Spring, de Rachel Carson, en 1962 marcó un punto de inflexión en la sensibilización sobre la degradación ambiental, alertando sobre los peligros de los pesticidas y otras prácticas insostenibles.
  Simultáneamente, el movimiento ambientalista empezó a cobrar relevancia, especialmente en países como Estados Unidos y en Europa occidental, donde surgieron políticas y organizaciones que se preocupaban por la conservación de la naturaleza. Así, los parques nacionales y las reservas naturales comenzaron a establecerse no solo para proteger la biodiversidad, sino también para servir de atractivo turístico, sentando las bases para un enfoque más sostenible a largo plazo.
- ⮑ **Conceptualización del ecoturismo.** El término "ecoturismo" no fue acuñado sino hasta fines de la década de 1980, por Héctor Ceballos-Lascuráin, quien definió al ecoturismo como "una modalidad de turismo

en la que se viaja a ambientes naturales no perturbados, con el objetivo específico de admirar, estudiar y disfrutar sus paisajes, flora y fauna, así como también sus manifestaciones culturales". Este concepto surgió en respuesta a la práctica de turismo de masas que, aunque inicialmente revigorizaba las economías locales, llevó a la explotación y deterioro de los recursos naturales.

Un antecedente significativo es la aparición de la Carta de Turismo Sostenible elaborada en la Conferencia Mundial de Turismo Sostenible en 1995 en Lanzarote, España. Este documento promovía un turismo que conservaba los ambientes naturales y el patrimonio cultural al mismo tiempo que proporcionaba beneficios a las comunidades locales. Fijó una directriz global para que los turistas y las industrias consideraran el impacto de sus actividades sobre el entorno natural.

- **La promoción de parques nacionales y reservas.** Desde mediados del siglo XIX hasta la primera mitad del siglo XX, en diversos países del mundo comenzaron a crear parques nacionales y reservas naturales con la esperanza de conservar el medioambiente. Norteamérica sentó un precedente al crear el Parque Nacional de Yellowstone en 1872, que sirvió como modelo para muchas otras reservas naturales en todo el mundo. Este parque fue uno de los primeros lugares donde se intentó ofrecer una experiencia de naturaleza intacta a los visitantes, una característica central del ecoturismo moderno.

  La expansión de esta idea influyó en países de otros continentes. En África, el turismo de vida silvestre se convirtió en un pilar económico para naciones como Kenia y Tanzania, donde el safari fue transformándose poco a poco en un ejemplo de turismo responsable, promoviendo la conservación de los hábitats naturales. En Australia y Nueva Zelanda, la belleza de sus paisajes se convirtió en un atractivo que progresivamente se ajustó a las prácticas de lo que hoy consideramos ecoturismo.

- **Ecoturismo y comunidades locales.** Desde sus orígenes, el desarrollo del ecoturismo siempre ha estado ligado a las comunidades locales en los destinos turísticos. La implicación de estas comunidades no solo en la prestación de servicios turísticos sino también en la gestión y conservación del entorno es un aspecto que distingue al ecoturismo de otras formas de turismo.

  En muchos casos, las comunidades indígenas o locales comenzaron a implicarse en las iniciativas de conservación y a desarrollar turoperadoras para mostrar a los visitantes sus prácticas sostenibles tradicionales y su relación con la naturaleza. Este modelo, que se desarrolló en varios lugares de Latinoamérica y Asia, ha permitido no solo la conservación del espacio natural, sino también dar mejores oportunidades económicas, educativas y sociales a las poblaciones locales. El Parque Nacional Tortuguero en Costa Rica es un ejemplo de cómo el ecoturismo ha ayudado a fomentar la conservación de la biodiversidad y a proporcionar sustento a través del turismo.

⮑ **Certificaciones y normativas ambientales.** El desarrollo del ecoturismo también ha estado acompañado por la proliferación de una serie de certificaciones y normativas que buscan garantizar que las prácticas turísticas se lleven a cabo de manera responsable. Desde los inicios del concepto, era evidente la necesidad de un marco regulador que asegurara que la actividad beneficiara tanto al medioambiente como a las comunidades locales. Organizaciones como *The International Ecotourism Society* (TIES), creada en 1990, han trabajado en la formulación de directrices para operadores turísticos, destinos y visitantes.

Estas normativas incluyen medidas para minimizar el impacto ambiental, maximizar los beneficios económicos y sociales para los habitantes de la zona, así como educar a los turistas sobre la importancia de respetar el entorno. Además, algunas normativas han establecido restricciones sobre la capacidad de carga de los ecosistemas para evitar el turismo excesivo.

⮑ **Casos de estudio en los orígenes del ecoturismo.** Un caso llamativo es el de Galápagos, cuyos parques naturales empezaron a ser planificados en la década de 1950, pero no fue sino hasta las décadas de 1970 y 1980 que el turismo sostenible comenzó a implementarse más efectivamente, con la creación de políticas que controlaron estrictamente la cantidad de visitantes y las prácticas de visita. Este control sobre el acceso ha asegurado que el archipiélago mantenga en gran medida su biodiversidad única, funcionando como un ejemplo vivo de cómo los principios del ecoturismo pueden aplicarse de manera exitosa.

Otro ejemplo temprano es el de Nepal, donde los *trekkings* a los picos del Himalaya se ajustaron para reducir el impacto ambiental adverso, implantando iniciativas que incluyeran a las comunidades locales tanto en la logística de los recorridos como en la gestión de los desechos, asegurándose de que la actividad permaneciera sostenible.

⮑ **Bibliografía y redes de apoyo.** El desarrollo del ecoturismo se ha apoyado en las redes internacionales de bibliografía y experiencias compartidas. La colaboración entre países y comunidades diversas ha sido fundamental para establecer un conjunto de mejores prácticas y directrices globales. Las conferencias internacionales, talleres y publicaciones especializadas han proporcionado un foro para compartir experiencias sobre prácticas exitosas y desafíos encontrados en la implementación.

Los orígenes del ecoturismo se vinculan con una incógnita constante en cuanto a cómo interactuar de manera positiva con el entorno natural. Su evolución ha sido influida por un deseo colectivo de generar conciencia, promover la sostenibilidad y conservar la naturaleza única e inimitable que nuestro planeta ofrece. A través de un proceso adaptativo en el tiempo y una concienciación compartida, el ecoturismo se perfila no solo como una alternativa viable sino necesaria en la industria global del turismo.

En cuanto a los impactos históricos en las prácticas ecológicas, su evolución y su relación con la actividad humana ha sido un proceso paulatino, influenciado por diferentes momentos históricos que han moldeado nuestra percepción e interacción con el entorno natural.

Ciertos **eventos históricos** han afectado la perspectiva y las prácticas ecológicas, y han sentado las bases para el surgimiento del ecoturismo tal como lo conocemos hoy. A continuación, se exponen algunos de esos **eventos:**

- **Movimientos de conservación en el siglo XIX.** La Revolución Industrial marcó un cambio significativo en la relación de la humanidad con la naturaleza. A medida que las fábricas se expandían y la urbanización se aceleraba, el impacto ambiental resultante llevó a la degradación del paisaje y a una explícita explotación de los recursos naturales. Dicho contexto fomentó el advenimiento de los primeros movimientos de conservación. Pensadores como John Muir en los Estados Unidos defendieron la idea de que la naturaleza tenía un valor intrínseco más allá de su utilidad para la explotación humana. Este nuevo pensamiento dio lugar a la creación de parques nacionales, con Yellowstone estableciéndose en 1872 como el primer parque nacional del mundo, siendo un bastión para la conservación y protección de ecosistemas.
  Esta era de conservación trajo un cambio paradigmático en la relación humana con la naturaleza, que pasó de una explotación desenfrenada hacia un enfoque de respeto y coexistencia. La idea de conservar áreas naturales inspiró nuevos métodos de interacción con el ambiente que protegerían el patrimonio natural para las futuras generaciones, estableciendo las bases conceptuales que alimentarían prácticas como el ecoturismo.
- **El movimiento ambiental de las décadas de 1960 y 1970.** En la segunda mitad del siglo XX, las crecientes preocupaciones sobre el daño ambiental y la sustentabilidad del crecimiento económico materializaron un movimiento ambiental global. Personajes influyentes, como Rachel Carson, cuya obra *Silent Spring* de 1962 tuvo un impacto significativo, contribuyeron a despertar la conciencia pública sobre los efectos nocivos de los pesticidas y otros contaminantes. Este periodo también vio el nacimiento de importantes leyes ambientales y la creación de agencias ambientales a nivel gubernamental. El Día de la Tierra, celebrado por primera vez el 22 de abril de 1970, simbolizó una acción colectiva a nivel global para abogar por el medioambiente. Este evento no solo consolidó el movimiento ecologista, sino que también promovió el sentido de responsabilidad compartida hacia la protección de la naturaleza y alentó un turismo que fuera consciente de su impacto ecológico.
- **La declaración de Estocolmo de 1972.** La Conferencia de las Naciones Unidas sobre el Medio Humano, celebrada en Estocolmo en 1972,

fue un hito para la política ambiental internacional. A través de esta declaración, se destacó la necesidad de incorporar consideraciones ambientales en las políticas de desarrollo. Se reconoció el derecho de la humanidad a un medioambiente saludable como una extensión de los derechos humanos fundamentales. La conferencia también identificó la interdependencia entre desarrollo y conservación, situando los principios ecológicos en el centro de las discusiones sobre futuro sostenible. Esta declaración fue crucial porque promovió el desarrollo de prácticas turísticas que estaban alineadas con la conservación del medioambiente y el bienestar social, dos de los pilares esenciales del ecoturismo.

➲ **Impacto de la globalización en las prácticas ecológicas.** La globalización, que se intensificó a finales del siglo XX, trajo consigo tanto desafíos como oportunidades para las prácticas ecológicas. Por un lado, la mayor interconectividad global y el aumento del comercio internacional ampliaron las amenazas al ambiente natural, desde la deforestación hasta la contaminación de océanos. Por otro lado, facilitó el intercambio de conocimientos y la cooperación internacional en asuntos ambientales. El auge del turismo global resaltó la necesidad de prácticas sostenibles. Organizaciones internacionales comenzaron a dictar guías y certificaciones para promover prácticas ecológicas en la industria del turismo. Iniciativas como el Programa de Certificación de Turismo Sostenible (conocido por sus siglas en inglés, STC) son ejemplos de cómo la globalización ha propiciado la consolidación de un ecoturismo que es consciente y está comprometido con la preservación del patrimonio natural y cultural.

➲ **La tercera Conferencia Mundial sobre Clima.** El impacto del cambio climático en los ecosistemas ha intensificado el reconocimiento de la importancia de prácticas ecológicas más responsables. La tercera Conferencia Mundial sobre Clima, celebrada en 2009, resaltó las relaciones entre clima, energía y turismo, enfocándose en los impactos de las emisiones de carbono. Como respuesta, surgió el interés por desarrollar un turismo bajo en carbono, fomentando la implantación de tecnologías verdes y el uso de energías renovables en la infraestructura turística. El ecoturismo hoy enfrenta el reto de minimizar su huella ecológica y proteger las sensibilidades del planeta ante un clima cambiante, evolucionando continuamente para adaptarse a los impactos de estas transformaciones y adaptaciones históricas.

Los impactos históricos en las prácticas ecológicas reflejan una trayectoria donde la conciencia ambiental y la acción han pasado de una mera preservación de ciertos espacios biológicos a un compromiso más amplio y profundo con el desarrollo sostenible. Cada uno de estos períodos históricos ha contribuido al surgimiento del ecoturismo, ofreciendo lecciones valiosas sobre cómo podemos interactuar con nuestro entorno de manera más armónica y responsable. Con cada paso en esta evolución histórica, se agregan capas de complejidad al desafío de equilibrar el disfrute humano del entorno natural con las necesidades críticas de conservación, guiando el camino del ecoturismo hacia un futuro más equilibrado y sostenible.

 PARA SABER MÁS

En el siguiente enlace puedes conocer en qué consiste la Conferencia de Estocolmo de 1972. Accede desde aquí:

https://redirectoronline.com/hotu00020103

4. Ubicación de los lugares donde se desarrolla

 HILO CONDUCTOR

Ecolodge Green Park representa un modelo de ecoturismo responsable que fusiona la experiencia de viajar con la conservación ambiental. Más que un alojamiento, *Ecolodge* ofrece un espacio educativo donde los visitantes aprenden sobre biodiversidad y prácticas sostenibles, promoviendo una conexión auténtica con la naturaleza. Desde el uso de energías renovables hasta una gestión eficiente de recursos, *Ecolodge* asegura un mínimo impacto ambiental y está respaldado por certificaciones ecológicas que garantizan prácticas sostenibles. Al alojarse en *Ecolodge,* los huéspedes contribuyen a la economía local y a la conservación de los ecosistemas, participando en un modelo de turismo que prioriza el respeto y la protección del entorno.

Este apartado se enfoca en explorar destinos únicos y bien preservados, donde la sostenibilidad y el respeto por la naturaleza son prioritarios. El ecoturismo surge como una alternativa consciente al turismo tradicional, promoviendo no solo la conservación del medioambiente, sino también el bienestar de las comunidades locales, minimizando el impacto negativo y creando experiencias auténticas y enriquecedoras para el visitante.

A través de esta exploración, se identifican los sitios clave que impulsan esta industria en crecimiento, pues ofrecen no solo paisajes asombrosos y una biodiversidad invaluable, sino también una oportunidad educativa para aprender sobre los ecosistemas y fomentar prácticas sostenibles. Visitar lugares como reservas naturales permite al turista descubrir el papel crucial de cada elemento en el equilibrio del ecosistema, transformando la visita en una experiencia de aprendizaje sobre la importancia de conservar la ecología local. Además, el ecoturismo abarca alojamientos sostenibles y empresas comprometidas con el medioambiente, que no solo brindan confort, sino también ejemplos de integración de prácticas sostenibles, como el uso de energías renovables y la gestión eficiente de recursos. Las certificaciones en ecoturismo aseguran que los servicios cumplen con altos estándares de sostenibilidad, ofreciendo a los turistas la confianza de que sus elecciones apoyan la protección ambiental.

Este aprendizaje sobre las ubicaciones de ecoturismo invita a reflexionar sobre nuestra relación con la naturaleza, resaltando el valor de parques nacionales y santuarios de vida silvestre como recordatorios de la importancia de proteger estos tesoros. En una era donde el impacto humano amenaza el equilibrio ecológico, el ecoturismo ofrece una solución viable y alentadora. Los turistas que optan por alojamientos ecológicos o participan en actividades de *ecotour* se convierten en agentes de cambio, contribuyendo al desarrollo económico de las comunidades locales y a la conservación de recursos naturales para las futuras generaciones.

Comprender dónde se desarrolla el ecoturismo nos invita a reflexionar sobre la conexión entre el ser humano y la naturaleza.

4.1. Principales destinos y características

El ecoturismo ha emergido como una modalidad de viaje popular en todo el mundo, enfocándose en la preservación del medioambiente y el respeto por las comunidades locales. A medida que los turistas buscan experiencias más auténticas y sostenibles, varios destinos se destacan por sus prácticas de ecoturismo y su riqueza natural.

A continuación, se detallan algunos de los **principales destinos de ecoturismo a nivel mundial,** junto con sus características distintivas:

- **Costa Rica.** Costa Rica es un faro mundial del ecoturismo, gracias a su compromiso con la conservación y la biodiversidad. Este país alberga alrededor del 5 % de la biodiversidad mundial, a pesar de representar apenas el 0.03 % de la superficie terrestre del planeta. Sus características geográficas diversas incluyen playas, volcanes activos y selvas exuberantes. Destinos como el Parque Nacional Corcovado y la Reserva del Bosque Nuboso Monteverde son ejemplos perfectos de cómo las áreas protegidas pueden ofrecer experiencias ecoturísticas inmersivas. Los alojamientos ecológicos, conocidos como *ecolodges,* y las iniciativas de turismo comunitario en Costa Rica promueven el desarrollo sostenible y el respeto por las culturas locales.
- **Nueva Zelanda.** Conocida por sus paisajes impresionantes y su compromiso con la sostenibilidad, Nueva Zelanda es un destino que atrae a ecoturistas de todo el mundo. El país ofrece una mezcla de montañas nevadas, playas vírgenes y densos bosques. El Parque Nacional Fiordland y la región de Waitomo son imprescindibles para los amantes de la naturaleza. Nueva Zelanda también ha implementado el concepto de *kaitiakitanga,* una tradición maorí que implica la administración y protección del medioambiente. Esto se refleja en sus prácticas de gestión de parques y en el enfoque holístico que adoptan para el desarrollo turístico.
- **Noruega.** Noruega es un ejemplo estelar de cómo un país puede equilibrar el desarrollo económico con la protección del medioambiente. Con sus majestuosos fiordos, montañas escarpadas y la aurora boreal, Noruega ofrece experiencias incomparables para los entusiastas de la naturaleza. El país ha implementado rigurosas políticas de conservación que ayudan a mantener sus paisajes icónicos libres de la intervención humana. Destinos como el Parque Nacional Jotunheimen y el fiordo de Geiranger son ideales para aquellos que buscan una experiencia ecoturística en un entorno prístino.
- **Borneo, Malasia e Indonesia.** Borneo es uno de los lugares más ricos en biodiversidad del mundo, junto con Malasia, Indonesia y Brunei. Sus selvas tropicales resguardan especies icónicas en peligro de extinción, como el orangután y el elefante pigmeo de Borneo. Las reservas

naturales como el Parque Nacional de Gunung Mulu y la Reserva Forestal de Ulu Temburong ofrecen emocionantes oportunidades para el *trekking* y la observación de la vida silvestre. Además, las iniciativas de ecoturismo en Borneo están centradas en proteger estas especies y sus hábitats, al tiempo que promueven el bienestar de las comunidades indígenas.

⇒ **Galápagos, Ecuador.** El archipiélago de las Galápagos es un lugar emblemático para el ecoturismo, conocido por inspirar a Charles Darwin en la teoría de la evolución. Este delicado ecosistema marino alberga una biodiversidad única, con muchas especies que no se encuentran en ninguna otra parte del mundo. Las regulaciones estrictas y las cuotas limitadas de visitantes son parte de las medidas de conservación implementadas para proteger este entorno frágil. Actividades como el buceo y el *snorkel* en sitios controlados permiten a los visitantes explorar el mundo submarino sin perturbar la vida marina.

⇒ **Perú.** El ecoturismo en Perú combina la rica biodiversidad con la herencia cultural de sus vastas montañas, selvas tropicales y desiertos costeros. La región amazónica peruana, particularmente la Reserva Nacional Tambopata y el Parque Nacional Manu, son destinos principales para quienes desean explorar la profundidad de la selva amazónica. Estos destinos no solo ofrecen la oportunidad de avistar un tipo extraordinario de flora y fauna, sino también de interactuar con las comunidades indígenas que han vivido en armonía con el entorno durante milenios.

⇒ **Kenia.** Kenia es sinónimo de safaris, y su enfoque en el ecoturismo ha convertido a este país en un destino líder para los aventureros interesados en la vida silvestre africana. Los parques nacionales y las reservas de caza, como el Masái Mara y el Parque Nacional Amboseli, son famosos por sus poblaciones de leones, elefantes y otras especies icónicas. Las empresas de ecoturismo en Kenia han desarrollado prácticas pioneras que ayudan a equilibrar el turismo con la conservación, involucrando a comunidades locales en la preservación de la naturaleza.

⇒ **Finlandia.** Finlandia, con su vasto número de lagos, bosques densos y la inigualable belleza de Laponia, es un destacado ejemplo de equilibrio entre turismo y naturaleza. El Parque Nacional de Urho Kekkonen y la Región de los Lagos finlandeses son lugares esenciales para quienes desean explorar las maravillas de esta nación. La experiencia de la sauna finlandesa y el observatorio de la Aurora Boreal son parte de su atractivo ecoturístico. Las políticas ambientales estrictas del país protegen sus recursos naturales, permitiendo a los visitantes disfrutar de ellos en un estado casi puro.

⇒ **Tanzania.** Tanzania es conocida por el Parque Nacional Serengueti y el Área de Conservación Ngorongoro, que son el corazón del ecoturismo en esta región. La gran migración de ñus es uno de los eventos más importantes para los turistas y constituye una demostración extraordinaria de la gestión natural en funcionamiento. Además, Tanzania ha establecido varias zonas comunitarias de conservación que vinculan directamente el bienestar de las comunidades locales con la conservación de la vida silvestre, creando un modelo sostenible único.

⊃ **Bután.** El reino de Bután, situado en el Himalaya oriental, es pionero en prácticas de turismo sostenible. Su política de "felicidad nacional bruta" refleja un enfoque holístico hacia el bienestar humano y el medioambiente. El país limita el número de visitantes anualmente para minimizar el impacto ambiental, y utiliza los ingresos del turismo para financiar proyectos de conservación. Los parques nacionales protegidos, como Jigme Singye Wangchuck y el famoso Monasterio del Nido del Tigre, ofrecen experiencias inmersivas en la naturaleza y la cultura local.

Machu Picchu (Perú), una maravilla arquitectónica que combina historia, cultura y naturaleza. Este icono del Perú no solo es un testimonio de la avanzada ingeniería inca, sino también un símbolo de conservación ambiental y turismo sostenible, rodeado por la majestuosa biodiversidad de los Andes.

Parques nacionales

Los **parques nacionales** son pilares esenciales del ecoturismo, y desempeñan un papel crucial tanto por su valor intrínseco como reservorios de biodiversidad como por su capacidad para promover prácticas turísticas sostenibles que beneficien la conservación del medioambiente y el bienestar de las comunidades locales. Estas áreas protegidas no solo albergan ecosistemas únicos y especies emblemáticas, sino que también ofrecen a los visitantes oportunidades para conectar con la naturaleza, participar en actividades educativas y apreciar la importancia de la conservación. Sin embargo, su gestión enfrenta importantes desafíos, como equilibrar la necesidad de proteger los recursos naturales con la creciente demanda de actividades recreativas, garantizar el financiamiento para su mantenimiento y minimizar los impactos del turismo en sus frágiles entornos. Examinar su papel en el ecoturismo permite entender cómo pueden convertirse en ejemplos de sostenibilidad y equilibrio entre el desarrollo humano y la protección de los ecosistemas.

El origen de los parques nacionales se remonta al siglo XIX como respuesta a la necesidad de proteger áreas de singular belleza natural y riqueza ecológica que estaban siendo amenazadas por la expansión humana y los nuevos desarrollos industriales. Este concepto ha evolucionado para incorporar, asimismo, el respeto a las culturas locales y la participación comunitaria, consideraciones fundamentales hoy en día para el éxito del ecoturismo.

Estos territorios protegidos tienen como propósito principal la conservación de especies animales y vegetales, así como la preservación de ecosistemas únicos, paisajes y recursos genéticos. Así, los parques nacionales funcionan como verdaderos santuarios para la flora y fauna silvestre, permitiendo a su vez la investigación científica y la educación ambiental.

Para el visitante, los parques nacionales ofrecen la oportunidad de conectar con la naturaleza de manera directa y auténtica. Pueden experimentar la observación de fauna en su hábitat natural, el avistamiento de aves, senderismo por áreas protegidas, entre otras actividades que fomentan el respeto por el medioambiente y promueven un turismo sostenible.

Algunos de los aspectos de los parques naturales incluyen:

Desafíos y oportunidades
- A pesar del crucial papel que desempeñan los parques nacionales en la conservación de la biodiversidad y el desarrollo del ecoturismo, también enfrentan numerosos desafíos. La presión del cambio climático altera los patrones estacionales y los hábitats, amenazando tanto a las especies como a los ecosistemas. Además, el turismo no regulado o masivo puede llevar a la degradación ambiental, con la consecuente pérdida de biodiversidad, erosión del suelo y acumulación de basura. Por ello, es fundamental la implementación de modelos de gestión turística sostenibles que limiten el impacto ambiental y promuevan la educación y sensibilización del visitante. Las medidas deben incluir límites de capacidad turística, infraestructuras ecológicas, el manejo de residuos y la restauración del hábitat.

Continúa en página siguiente >>

<< Viene de página anterior

Tecnología y ecoturismo en parques nacionales
- La tecnología desempeña un papel cada vez mayor en el desarrollo del ecoturismo sostenible en parques nacionales. Desde aplicaciones móviles que brindan información guiada y detallada de las áreas en tiempo real, hasta la utilización de sensores para monitorear y proteger la vida silvestre, los avances tecnológicos continúan facilitando la conservación y mejorando la experiencia del visitante. Proyectos innovadores incluyen la creación de aplicaciones de realidad aumentada que ilustran características geológicas y ecológicas de interés, enriquecer los recorridos virtuales como complemento educativo, o implementar sistemas de pago en línea para gestionar las reservas de pases y promover el acceso controlado a los parques.

Ejemplos de parques nacionales como destinos ecoturísticos
- Entre los ejemplos más emblemáticos de parques nacionales ecoturísticos, podemos mencionar el Parque Nacional de Yellowstone en Estados Unidos, el primero del mundo, creado en 1872.
- En Latinoamérica, uno de los parques destacables es el Parque Nacional Manuel Antonio en Costa Rica. Famoso por su biodiversidad, cuenta con playas impresionantes y caminatas guiadas por la jungla, donde se pueden observar perezosos, monos carablanca y muchas especies de aves exóticas. Costa Rica es conocida mundialmente por integrar prácticas de sostenibilidad a nivel nacional.
- Otro ejemplo notable es el Parque Nacional Kruger en Sudáfrica. Es uno de los mayores y más antiguos del continente africano, conocido principalmente por su población de los *big five* (león, leopardo, rinoceronte, elefante y búfalo). Este parque proporciona una experiencia auténtica de safaris mientras fomenta prácticas de conservación en la región. Al visitar Kruger, los turistas apoyan la economía local y la protección ambiental a través del ecoturismo.

Reservas naturales

Las **reservas naturales** son áreas protegidas dedicadas a preservar ecosistemas y biodiversidad, minimizando el impacto de actividades humanas y priorizando la conservación de flora y fauna. Aunque algunas permiten un acceso recreativo controlado, su enfoque principal es proteger especies en riesgo y mantener el equilibrio ecológico. Surgidas en el siglo XIX, estas áreas se han expandido globalmente, destacando casos como la reserva de Galápagos y la selva amazónica, que conservan especies únicas y actúan como reguladores ambientales clave.

Además de su función conservacionista, las reservas naturales brindan beneficios esenciales para el ser humano, como la regulación del clima y la purificación del agua, y promueven la educación ambiental y la investigación científica. Sin embargo, enfrentan desafíos como la expansión agrícola, el cambio climático y el desarrollo económico. Para enfrentarlos, se emplea un manejo adaptativo que permite ajustar políticas y prácticas según las condiciones ambientales.

El involucramiento de las comunidades locales y el ecoturismo responsable fortalecen la protección de estas áreas y brindan beneficios económicos y educativos. Políticas y convenciones internacionales respaldan su creación, aunque la implementación local es crucial para su efectividad. Las reservas también actúan como centros educativos que sensibilizan sobre la importancia de la conservación. Su éxito futuro depende de nuestra capacidad para valorar y preservar estos espacios no solo por sus beneficios inmediatos, sino por su papel vital en la salud del planeta y el bienestar de futuras generaciones.

◎ EJEMPLO

Un ejemplo destacado de reserva natural es la reserva natural de Galápagos, en Ecuador. Este archipiélago es famoso por la diversidad y exclusividad de sus especies, muchas de las cuales no se encuentran en ninguna otra parte del mundo. La protección de las Galápagos no solo ayuda a mantener estas especies, sino que también garantiza que las generaciones futuras puedan continuar estudiándolas y disfrutando de su existencia. Además, las Galápagos son un sitio atractivo para los ecoturistas interesados en observar de cerca la vida silvestre única y aprender sobre esfuerzos de conservación.

Otro ejemplo es la reserva natural integral de selva amazónica, la cual abarca partes de varios países sudamericanos. Esta vasta región es crucial no solo por su biodiversidad —alberga millones de especies de plantas y animales—, sino también por su influencia en el clima global. La selva amazónica actúa como el "pulmón del planeta", al absorber dióxido de carbono y liberar oxígeno. La deforestación y otras prácticas destructivas en esta área han motivado la creación de múltiples reservas orientadas a proteger su inmenso valor ecológico.

Un ejemplo destacado de reserva natural en España es la reserva natural de las Marismas del Odiel, situada en la provincia de Huelva. Esta reserva, declarada

Continúa en página siguiente >>

<< Viene de página anterior

reserva de la biosfera por la UNESCO en 1983, abarca más de 7000 hectáreas de humedales, salinas, marismas y estuarios, conformando un ecosistema único en el que se encuentran diversas especies de flora y fauna.

Las Marismas del Odiel son un punto clave para las aves migratorias que viajan entre Europa y África, y sirve de hábitat temporal o permanente para especies como los flamencos, las espátulas y el águila pescadora. Además, en sus aguas y marismas se desarrollan importantes actividades de conservación de especies amenazadas, como el charrancito común y el morito común. Esta reserva natural combina la protección del medioambiente con actividades sostenibles, como rutas guiadas para la observación de aves, senderismo y talleres educativos sobre la importancia de los ecosistemas de humedales. Los visitantes pueden explorar los paisajes únicos y aprender sobre el delicado equilibrio que mantiene la biodiversidad en estas zonas.

Entre los retos de esta reserva se encuentran el impacto de las actividades humanas en las áreas circundantes, como la contaminación y la presión urbanística, así como el cambio climático, que afecta el nivel del agua y altera los ciclos naturales del ecosistema. Sin embargo, las estrategias de gestión sostenible buscan mitigar estos efectos, garantizando la preservación de este enclave único para las generaciones futuras.

Por su parte, los **santuarios de vida silvestre** son áreas geográficas dedicadas a la conservación de la biodiversidad y al mantenimiento de los ecosistemas en su estado más natural posible. Este tipo de espacios se establecen con el objetivo de proteger especies amenazadas, preservar hábitats cruciales y fomentar el equilibrio ecológico. A diferencia de las reservas naturales, que pueden admitir ciertas actividades humanas como la investigación o el turismo orientado, los santuarios son generalmente más restrictivos en cuanto a las actividades permitidas, y buscan limitar al máximo la intervención humana.

 ACTIVIDAD COMPLEMENTARIA

2. Investiga en fuentes externas ejemplos de santuarios de vida silvestre y explica su importancia en un informe.

4.2. Empresas adheridas

En la creciente industria del ecoturismo, las empresas desempeñan un papel crucial en el desarrollo sostenible y en la promoción de prácticas responsables que protejan los recursos naturales y apoyen a las comunidades locales. La expresión "empresas adheridas" se refiere a aquellas organizaciones o entidades que operan teniendo en cuenta los principios del ecoturismo y el turismo sostenible, y están comprometidas con el desarrollo de actividades turísticas que minimizan su impacto ambiental y promueven la conservación.

Los diferentes **tipos y ejemplos de empresas adheridas** son:

- **Operadores de turismo sostenible.** Estas empresas son responsables de organizar y proporcionar experiencias turísticas respetuosas con el medioambiente. A menudo colaboran con guías locales altamente capacitados que educan a los turistas sobre la importancia de proteger la flora y fauna local. Un ejemplo de esto es la empresa *Rainforest Expeditions* en Perú, que opera en el corazón de la selva amazónica y ofrece experiencias de inmersión en comunidades indígenas, utilizando prácticas que minimizan su huella ecológica.
- **Alojamientos ecológicos.** Los albergues y hoteles ecológicos se diseñan y operan teniendo en cuenta la sostenibilidad. Estos pueden variar desde alojamientos de lujo hasta campamentos básicos pero confortables, siempre priorizando la eficiencia energética, el uso de energías renovables y el reciclaje. Un ejemplo destacado es el EcoCamp Patagonia, en Chile, un hotel que funciona casi completamente con energía renovable y reduce al máximo el impacto en su entorno natural.
- **Transporte sostenible.** Las empresas que ofrecen opciones de transporte bajo en emisiones también se consideran adheridas al ecoturismo. Al priorizar el uso de vehículos eléctricos o compartir transporte entre los turistas, estas empresas reducen la contaminación y el desgaste de las infraestructuras locales. Cabe destacar el tren *Rocky Mountaineer* en Canadá por su compromiso con el turismo responsable, promoviendo *tours* en trenes eléctricos a través de paisajes vírgenes de montaña.
- **Gastronomía local y orgánica.** Restaurantes y empresas de *catering* que se abastecen de productos locales y orgánicos no solo reducen las emisiones asociadas con el transporte de alimentos, sino que también promueven la biodiversidad agrícola y sostienen las economías locales. Finca Rosa Blanca, en Costa Rica, es un ejemplo de una plantación de café que produce de forma orgánica y ofrece a sus visitantes un menú basado completamente en insumos locales.
- **Empoderamiento comunal.** Muchas empresas ecoturísticas trabajan de la mano con organizaciones comunitarias para ofrecer experiencias

que incluyen a las comunidades indígenas o rurales como parte integral de la experiencia de los visitantes. Estas operaciones no solo benefician económicamente a las comunidades locales, sino que también ayudan a preservar y difundir sus culturas y tradiciones. *Fair Travel,* en Etiopía, por ejemplo, colabora con comunidades para ofrecer safaris culturales que respetan y elevan la voz de la población local.

Algunos de los **principios básicos** de estas empresas son:

Conservación de la biodiversidad
- Las empresas adheridas están fuertemente comprometidas con la protección de la biodiversidad local, tanto en flora como en fauna. Colaboran con parques naturales, reservas ecológicas y santuarios de vida silvestre, como se discute en el capítulo anterior, para desarrollar estrategias que permitan su preservación a largo plazo.

Utilización de recursos renovables y sostenibles
- Estas empresas priorizan el uso de materiales y recursos sostenibles y renovables en sus operaciones, desde la construcción de instalaciones con materiales reciclados o biodegradables hasta la implementación de fuentes de energía alternativas como la solar o la eólica.

Educación y concienciación
- La sensibilización tanto del personal como de los visitantes sobre la importancia del desarrollo sostenible es clave. Esto se logra a través de talleres, guías y actividades que no solo educan, sino que también inspiran a los turistas para que lleven estos aprendizajes a sus lugares de origen.

Participación activa en la comunidad local
- Las empresas adheridas mantienen una relación activa y positiva con las comunidades locales, incluyéndolas en el proceso de planificación, respetando sus derechos y asegurando que obtengan beneficios tangibles de las actividades turísticas.

Monitoreo y evaluación
- Para asegurar prácticas sostenibles y ajustar operaciones cuando sea necesario, estas empresas adoptan sistemas regulares de monitoreo y evaluación del impacto ambiental y social de sus actividades.

Según el Informe Global sobre Turismo Sostenible de Booking.com, un 88 % de los viajeros expresa su interés en alojarse en hoteles sostenibles, una cifra contundente que impulsa a la industria turística, y especialmente a la hotelera, a adaptarse a esta creciente demanda. Sin embargo, aunque los viajeros desean este tipo de experiencias, el 55 % de los encuestados indica que rara vez, solo a veces o nunca logra viajar de manera sostenible, lo que evidencia un nicho de mercado aún por desarrollar.

Tal como se ha indicado anteriormente, el compromiso con el ecoturismo no solo tiene beneficios ambientales y sociales, sino también **beneficios económicos** tanto para la empresa como para las comunidades locales y el destino en sí:

- **Conservación del patrimonio natural y cultural:** las empresas que operan de manera sostenible ayudan a preservar el patrimonio natural y cultural, que es vital para el turismo. Esto, a su vez, protege los atractivos turísticos esenciales para la industria.
- **Desarrollo económico local:** al estimular las economías locales mediante el uso de productos, servicios y mano de obra local, se puede observar un aumento de empleo y una mejora en las condiciones de vida.
- **Reducción de costes operativos:** a largo plazo, la implementación de tecnologías sostenibles y la reducción del consumo de recursos pueden traducirse en menores costes de operación, aumentando la rentabilidad de las empresas.
- **Mejora de la imagen empresarial y captación de nuevos segmentos de mercado:** adherirse a prácticas sostenibles mejora la reputación de la empresa y atrae a un segmento de turistas más grande que prioriza el respeto al medioambiente.
- **Retos y oportunidades para las empresas adheridas al ecoturismo:** a pesar de los beneficios, las empresas dentro de este sector enfrentan varios desafíos; por ejemplo, las inversiones iniciales necesarias para establecer prácticas sostenibles o la dificultad de cambiar modelos de negocio tradicionales hacia operaciones más sostenibles.

Para que las actividades ecoturísticas realmente actúen como un catalizador para el desarrollo sostenible, es necesaria una colaboración coherente y un esfuerzo continuo entre las empresas adheridas, los turistas, las comunidades locales y los gobiernos. Este compromiso colectivo no solo garantiza la conservación de los santuarios de vida silvestre, sino también que el turismo continúe siendo una fuente de crecimiento económico y cultural sin dejar una huella destructiva en el planeta.

VÍDEO

En el siguiente vídeo puedes ver los siete mejores hoteles ecológicos del mundo y su localización. Accede desde aquí:

https://redirectoronline.com/hotu00020105

IMPORTANTE

Hoy, el ecoturismo representa una de las opciones más prometedoras para promover un desarrollo equilibrado y respetuoso con el medioambiente. Sin embargo, su éxito depende de la gestión cuidadosa y la colaboración entre comunidades, gobiernos e industria. A medida que los efectos del cambio climático se hacen más evidentes, el ecoturismo debe evolucionar, no solo mitigando su impacto ambiental, sino también adaptándose a los nuevos desafíos que presenta un mundo en transformación constante.

Certificaciones de ecoturismo

El ecoturismo se ha consolidado como una alternativa sustentable frente al turismo masivo, buscando no solo conservar el patrimonio natural y cultural, sino también brindar beneficios directos a las comunidades locales. En este contexto, el concepto de certificaciones de ecoturismo ha ido ganando relevancia a nivel mundial. Estas certificaciones actúan como herramientas esenciales para asegurar que las prácticas turísticas sean verdaderamente sostenibles, cumpliendo con estándares específicos relacionados con la protección ambiental, la equidad social y la viabilidad económica

IMPORTANTE

Una certificación confiable proporciona credibilidad a las iniciativas de ecoturismo, asegurando a los visitantes que sus experiencias están realmente alineadas con principios sostenibles. Asimismo, fomenta la mejora continua en las operaciones turísticas, impulsando la creatividad y la innovación en el manejo responsable de recursos. Estas certificaciones no solo benefician al entorno y a las comunidades locales, sino que también pueden hacer que una destinación o negocio sea más atractivo para los consumidores conscientes que buscan opciones de viaje sostenibles.

Las principales **certificaciones internacionales de ecoturismo** son:

Green Globe Certification	- *Green Globe* es un programa de certificación y mejora del desempeño sostenible con reconocimiento mundial, diseñado específicamente para la industria del turismo. Evalúa criterios tales como la gestión de recursos, la reducción de gases de efecto invernadero, la calidad del aire y el agua, y el respeto por la biodiversidad. Los miembros de *Green Globe* son sometidos a auditorías anuales para garantizar el cumplimiento de los estándares internacionales en sostenibilidad.

Continúa en página siguiente >>

<< Viene de página anterior

EarthCheck	- Reconocido a nivel global, *EarthCheck* ofrece evaluación de riesgos ecológicos, medición de desempeño y una certificación estable basada en criterios científicos rigurosos. Las empresas que buscan esta certificación se comprometen a ir más allá del simple cumplimiento de las obligaciones legales, estableciendo metas ambiciosas para reducir su huella de carbono y su impacto ambiental.
Rainforest Alliance Certified	- Esta certificación garantiza que los operadores de ecoturismo se adhieran a prácticas que conserven los recursos naturales y que apoyen a las comunidades locales. *Rainforest Alliance* trabaja principalmente en áreas con rica biodiversidad, promoviendo la economía del área sin comprometer su integridad ecológica. La certificación es especialmente relevante en destinos de Latinoamérica y África.
The Global Sustainable Tourism Council (GSTC)	- No es una certificación en sí misma, sino un conjunto de criterios que han sido reconocidos como el estándar global para la sostenibilidad en viajes y turismo. Las certificaciones que llevan el sello de reconocimiento de GSTC reflejan un compromiso riguroso y verificable con la sostenibilidad, tanto a nivel de administración como de operaciones.

Pese a los beneficios que representan las certificaciones, estas también enfrentan ciertos desafíos. La principal barrera sigue siendo el coste, ya sea económico o logístico, de obtener y mantener la certificación. Esto puede ser un desafío especialmente grande para pequeñas empresas o comunidades de destino en países en desarrollo.

Las certificaciones de ecoturismo representan una herramienta poderosa para garantizar que el turismo contribuya de manera positiva y responsable al bienestar del planeta y sus habitantes. Nutren un entorno donde las prácticas turísticas sostenibles pueden florecer, protegiendo simultáneamente tanto a las personas como a la naturaleza, lo que las hace esenciales para el desarrollo de un futuro más verde y sostenible en el turismo global.

5. Identificación del perfil del ecoturista

☞ HILO CONDUCTOR

El ecoturista es un viajero comprometido, consciente de su impacto y motivado por una búsqueda de experiencias que beneficien tanto al medioambiente como a las comunidades locales. *Ecolodge Green Park* se convierte en el destino ideal para este perfil, ofreciendo un espacio donde el respeto por la naturaleza y la educación ambiental son esenciales. En un entorno natural protegido, los visitantes pueden participar en actividades sostenibles, como caminatas guiadas por expertos locales, que promueven el aprendizaje y la interacción responsable con el ecosistema. Cada aspecto de *Ecolodge Green Park*, desde sus instalaciones hasta sus servicios, está diseñado para minimizar el impacto ecológico, asegurando comodidad sin comprometer la sostenibilidad. Al atender las expectativas de un ecoturista exigente, *Ecolodge Green Park* ofrece una experiencia que combina autenticidad, conocimiento y conservación, fortaleciendo así la conexión entre el viajero y el valioso patrimonio natural del parque nacional.

El ecoturismo, cada vez más popular, responde a un cambio en los valores de los viajeros, quienes ahora priorizan experiencias que favorezcan la conservación ambiental y el aprendizaje. Este tipo de turismo, alternativa al turismo masivo, promueve un contacto responsable con la naturaleza y requiere que las empresas turísticas diseñen servicios educativos y sostenibles, ajustados al perfil de consumidores éticos y conscientes. Ejemplos de estas prácticas incluyen itinerarios personalizados y actividades que minimizan el impacto ambiental, como la observación de aves y el senderismo guiado por expertos locales.

El ecoturista valora la educación ambiental, la accesibilidad y la comodidad en su viaje, buscando centros de información y transporte sostenibles que faciliten su experiencia. Conocer bien el perfil del ecoturista permite a las empresas ofrecer productos y servicios que enriquecen el viaje y fomentan prácticas de bajo impacto ambiental, esenciales para preservar áreas naturales vulnerables.

Más allá de sus beneficios ambientales y sociales, el ecoturismo representa una oportunidad de crecimiento para destinos que adoptan plenamente su filosofía, logrando una identidad turística diferenciada. Así, identificar el perfil del ecoturista permite no solo atraer a un mercado en crecimiento, sino también fomentar una industria turística más sostenible y respetuosa, que prospere a largo plazo.

5.1. Servicios de ecoturismo básicos y especializados

Para satisfacer las expectativas de los ecoturistas y promover un turismo sostenible, resulta esencial definir con precisión los servicios que se ofrecen, garantizando que tanto las necesidades fundamentales como las experiencias específicas estén cubiertas de manera responsable. Esto implica una planificación cuidadosa que abarque desde la infraestructura hasta las actividades diseñadas para los visitantes, siempre con un enfoque en la sostenibilidad y la conservación.

Los servicios deben incluir una infraestructura adecuada que permita a los ecoturistas disfrutar de su experiencia sin comprometer el entorno natural. Esto puede implicar alojamientos diseñados con materiales locales y técnicas sostenibles, como cabañas ecológicas, *ecolodges* o campamentos autosuficientes, que respeten el paisaje y minimicen el impacto ambiental. Asimismo, los sistemas de energía renovable, la gestión responsable de los residuos y el uso eficiente del agua son componentes clave para garantizar que estos servicios sean coherentes con los principios del ecoturismo.

Además, es fundamental ofrecer transporte que reduzca al mínimo la huella ecológica, como vehículos eléctricos, bicicletas o incluso caminatas organizadas, que permitan a los turistas desplazarse mientras disfrutan del entorno de manera activa y respetuosa. Los centros de información y los guías capacitados desempeñan un papel crucial, proporcionando orientación detallada sobre las características del área, las normativas de conservación y los comportamientos esperados para respetar el medioambiente y las culturas locales.

 IMPORTANTE

Es imprescindible incluir actividades y servicios que ofrezcan una experiencia enriquecedora para los ecoturistas, como la observación de fauna y flora, talleres culturales, rutas interpretativas y experiencias de inmersión que promuevan el aprendizaje y la conexión con la naturaleza. Estas actividades no solo enriquecen la experiencia de los visitantes, sino que también ayudan a sensibilizarlos sobre la importancia de proteger los ecosistemas y respetar las tradiciones locales.

Finalmente, garantizar la seguridad de los visitantes es igualmente esencial, con medidas como la disponibilidad de personal capacitado en primeros auxilios, estaciones de emergencias y la implementación de protocolos claros para responder ante situaciones imprevistas. Una oferta de servicios bien definida no solo cumple con las expectativas de los ecoturistas, sino que también refuerza el compromiso con la sostenibilidad, estableciendo un equilibrio entre el disfrute del entorno natural y su preservación para futuras generaciones.

A continuación, haremos una distinción entre los principales servicios básicos y especializados del ecoturismo.

Los principales **servicios básicos** son:

- ⮞ **Alojamiento sostenible.** El alojamiento es un aspecto crítico en el ecoturismo. Los alojamientos sostenibles suelen ser cabañas, *lodges* o campamentos ecológicos que se integran con el entorno local. Estos suelen usar fuentes de energía renovable, como la solar o la eólica, tienen sistemas de gestión de residuos que incluyen el reciclaje y el compostaje, y utilizan materiales de construcción sostenibles. Un ejemplo de alojamiento sostenible es un *ecolodge* en la Amazonía peruana, donde se utilizan técnicas tradicionales de construcción y los visitantes participan en actividades de reforestación.
- ⮞ **Transporte ecológico.** Minimizar las emisiones de carbono contribuye a una experiencia de turismo más sostenible. Los servicios básicos suelen incluir bicicletas, canoas, botes con propulsión solar o vehículos eléctricos que tienen un menor impacto ambiental. Además, se promueve el uso del transporte público o compartido para limitar el número de vehículos que acceden a zonas naturales frágiles.
- ⮞ **Guías locales y educativos.** La contratación de guías expertos es fundamental en el ecoturismo. Estos guías no solo tienen un profundo conocimiento del entorno natural y cultural, sino que también están entrenados para ofrecer una interpretación educativa del entorno, lo que añade un valor significativo a la experiencia del ecoturista. Por ejemplo, un guía local en un parque nacional puede explicar la importancia de las especies endémicas y el impacto del cambio climático en el ecosistema local.
- ⮞ **Alimentación local y orgánica.** Otro servicio básico es la oferta de alimentos que sean locales, orgánicos y que tengan un proceso de producción justo y sostenible. Muchas veces, esto incluye ofrecer a los turistas la opción de participar en la preparación de su comida, lo que incentiva una mayor conexión con la cultura local. Un ejemplo podría ser una estancia en una granja orgánica, donde los turistas cosechan parte de los vegetales que consumirán.
- ⮞ **Información y sensibilización ambiental.** Proveer a los turistas de la información necesaria para entender la importancia de la conservación es vital. Folletos, cursos y talleres son herramientas comunes que se usan para educar sobre la biodiversidad, los ecosistemas y el impacto del ser humano en el medioambiente.

Sobre los cimientos de los servicios básicos, los servicios especializados se enfocan en satisfacer necesidades o deseos particulares de los ecoturistas, a menudo personalizando y profundizando la experiencia ecoturística.

Los **servicios especializados** están representados por:

- **Experiencias científicas participativas.** Estos servicios permiten a los turistas participar activamente en proyectos de investigación, como el monitoreo de especies en peligro de extinción o el estudio de las condiciones del hábitat. Tal experiencia puede incluir colaborar con biólogos en la captura y liberación de algunas especies para su estudio. Estas experiencias son particularmente atractivas para los ecoturistas que buscan ir más allá de la simple observación.
- **Turismo cultural autóctono.** Involucra la interacción con comunidades indígenas o locales que permiten a los ecoturistas experimentar tradiciones y estilos de vida que han permanecido inalterados durante siglos. Estas experiencias incluyen participar en ceremonias tradicionales, aprender habilidades ancestrales como tejer o la cerámica, o recorrer un sitio cultural bajo la guía de un líder comunitario.
- **Retiros de bienestar en la naturaleza.** Combinan servicios de ecoturismo con prácticas de salud mental y física, como retiros de yoga, meditación y *detox* en un entorno natural apartado. Estos servicios ofrecen una oportunidad para que los ecoturistas busquen rejuvenecimiento y contacto íntimo con la naturaleza. A menudo, estos servicios especializados son complementados con terapias de spa basadas en productos naturales del área.
- **Actividades de aventura responsable.** Incluyen servicios que permiten a los ecoturistas disfrutar de deportes de aventura en ambientes controlados y responsables. Ejemplos de estas actividades son escalada en roca en miradores naturales donde el camino ha sido previamente evaluado para minimizar el daño ecológico, senderismo consciente en áreas de alta biodiversidad o *kayak* en ríos y lagos con estrictos controles ambientales.
- **Fotografía de vida silvestre.** Para aquellos interesados, se pueden organizar complejas salidas fotográficas con expertos en comportamiento animal, con el propósito de capturar imágenes sorprendentes de la vida salvaje en su entorno natural. Esta experiencia no solo proporciona la oportunidad de observar especies en su hábitat, sino que también enfatiza la importancia de la conservación y el respeto a la fauna.
- **Programas de voluntariado en conservación.** Son la elección para turistas que buscan contribuir directamente a proyectos de conservación. Las actividades pueden incluir la restauración de hábitats, el mantenimiento de senderos, la construcción de infraestructuras sostenibles o el trabajo con organizaciones comunitarias para desarrollar iniciativas de

conservación. Esto no solo beneficia directamente a los recursos naturales, sino que también proporciona al turista una experiencia gratificante y educativa.

IMPORTANTE

Mientras que los servicios básicos y especializados de ecoturismo ofrecen un camino a un turismo más sostenible, también presentan desafíos. El equilibrio entre accesibilidad y conservación es delicado; una incorrecta promoción o experiencia insatisfactoria puede llevar a una mayor demanda que termine perjudicando las áreas naturales que se pretende proteger. Por ello, la formación continua y la gestión adaptativa son claves para el éxito del ecoturismo.

La distinción entre servicios básicos y especializados en ecoturismo permite una mayor claridad a la hora de desarrollar productos turísticos sostenibles y satisfactorios. Al atender las necesidades fundamentales y al ofrecer experiencias especializadas, se puede facilitar una conexión más auténtica y respetuosa con la naturaleza y las culturas locales, promoviendo un modelo de turismo que es consciente del impacto a largo plazo.

Equipamientos y facilidades para el ecoturista

El ecoturismo ha emergido como una modalidad de turismo que pone en primer plano la conservación del medioambiente y la promoción de la sostenibilidad, buscando ofrecer una experiencia auténtica y enriquecedora tanto para los visitantes como para las comunidades locales. En este contexto, es fundamental contar con equipamientos y facilidades adecuados que permitan a los ecoturistas disfrutar de la naturaleza de manera responsable, segura y educativa. Estos recursos no solo facilitan la exploración de los ecosistemas y la interacción con la cultura local, sino que también son esenciales para garantizar que las actividades turísticas tengan un impacto mínimo sobre el entorno. La implementación de infraestructuras sostenibles, como alojamientos ecológicos, sistemas de transporte de bajo impacto y la provisión de materiales informativos que fomenten prácticas responsables, son elementos clave para lograr un ecoturismo que beneficie tanto a los visitantes como al planeta. Con un enfoque en la educación ambiental y el respeto por las comunidades, el ecoturismo se presenta como una alternativa viable para preservar nuestros recursos naturales mientras se disfruta de la belleza y la diversidad que ofrecen los destinos más remotos y protegidos.

Al planificar una experiencia de ecoturismo, es esencial que los ecoturistas estén bien equipados. Los equipos adecuados no solo facilitan la experiencia, sino que también juegan un papel crucial en la protección del entorno natural al reducir el impacto del visitante.

El kit para el ecoturista es una herramienta esencial que garantiza una experiencia segura, cómoda y respetuosa con el entorno natural. Este conjunto de elementos está diseñado para cubrir las necesidades básicas durante las actividades al aire libre, al mismo tiempo que promueve prácticas responsables que minimizan el impacto ambiental. Equiparse adecuadamente no solo mejora la calidad de la experiencia, sino que también refuerza el compromiso del ecoturista con la conservación de los ecosistemas y el respeto por las comunidades locales. Desde ropa y calzado adecuados hasta implementos específicos para la observación y documentación, cada componente del kit tiene un propósito claro: facilitar la conexión con la naturaleza de manera sostenible y consciente. Algunos de los **componentes del kit** son:

Ropa y calzado adecuado
- La ropa debe ser cómoda, transpirable y adecuada para el clima de la región que se visita. El calzado debe ser resistente y proporcionar soporte, especialmente si se planea caminar por terrenos irregulares. Las prendas de materiales sostenibles y protectores contra insectos y clima son una excelente opción.

Dispositivos de navegación
- GPS, mapas y brújulas son útiles para garantizar que los ecoturistas puedan orientarse y seguir las rutas establecidas sin causar un impacto no deseado al desviarse de los caminos marcados.

Equipamiento de observación
- Binoculares, cámaras de bajo impacto ambiental y cuadernos de anotaciones son esenciales para aquellos interesados en observar fauna o registrar detalles de su visita sin interferir en el hábitat natural.

Materiales educativos
- Guías de campo con información sobre la flora y la fauna local, así como prácticas sostenibles, ayudan a fomentar una comprensión más profunda de los ecosistemas visitados.

Continúa en página siguiente >>

<< Viene de página anterior

Botellas reutilizables y utensilios sostenibles
- Para minimizar el impacto de los residuos, es favorable el uso de botellas reutilizables y utensilios de bambú u otros materiales biodegradables.

Equipo de seguridad personal
- Elementos como un botiquín de primeros auxilios, protector solar ecológico y repelente de insectos biodegradable son esenciales para asegurar el bienestar del ecoturista, mientras minimizan el impacto ambiental.

La ropa y los atuendos adecuados para un ecoturista combinan funcionalidad y respeto por el entorno.

TAREA 2

Alberto, como agente turístico de la localidad de Pastrana, tiene la tarea de crear una guía turística que resalte lo mejor de su pueblo y atraiga a turistas interesados en experiencias auténticas y sostenibles.

En su guía, Alberto debe:

a. Identificar los recursos turísticos clave del pueblo: paisajes naturales, monumentos históricos, tradiciones culturales y productos gastronómicos,

Continúa en página siguiente >>

<< Viene de página anterior

promoviendo la sostenibilidad y la interacción responsable con el entorno natural y cultural.

b. Asegurarse de incluir información clave, como datos prácticos, recomendaciones para un turismo responsable y un diseño visual atractivo que refleje la identidad del lugar.

¿Podrías ayudar a Alberto con esta elaboración?

5.2. Espacios naturales protegidos

El creciente interés por la conservación de la naturaleza ha impulsado la creación de espacios naturales protegidos, los cuales se han convertido en elementos esenciales para la preservación de la biodiversidad global y para salvaguardar el patrimonio ecológico y cultural del planeta. Estos lugares, que incluyen parques nacionales, reservas naturales y otras áreas de alto valor ambiental, no solo son refugios para una variedad de especies, sino que también desempeñan un papel clave en la sostenibilidad de los ecosistemas que sustentan la vida en la Tierra. En este contexto, el ecoturismo ha encontrado un terreno fértil para el desarrollo de actividades que no solo permiten a los visitantes disfrutar de estos entornos únicos, sino que también fomentan una conexión profunda y educativa con la naturaleza. A través del ecoturismo, los turistas pueden aprender sobre los procesos ecológicos, las tradiciones culturales de las comunidades locales y la importancia de la conservación, adoptando una perspectiva más responsable hacia el entorno.

Comprender el papel y la relevancia de estos espacios protegidos es esencial para quienes se identifican con el perfil del ecoturista, ya que les permite valorar el impacto positivo que su visita puede tener en la conservación. Al ser conscientes de la fragilidad de estos ecosistemas, los ecoturistas pueden participar activamente en la protección de los mismos, promoviendo un turismo que no solo beneficia al visitante, sino que también contribuye al bienestar de las comunidades locales y a la preservación de los recursos naturales para las generaciones futuras.

NOTA

Los espacios naturales protegidos, como parques nacionales, reservas naturales y otras áreas de conservación, ofrecen un contexto ideal para el desarrollo del ecoturismo.

Estos destinos, ricos en biodiversidad y belleza natural, permiten a los ecoturistas no solo disfrutar de paisajes impresionantes y la observación de especies animales y vegetales únicas, sino también sumergirse en una experiencia educativa que promueve la comprensión y el respeto por el entorno. A través del ecoturismo, los viajeros pueden aprender sobre la importancia de conservar los ecosistemas, las especies en peligro de extinción y los recursos naturales que sustenten la vida en estos hábitats. Además, los ecoturistas tienen la oportunidad de involucrarse activamente en prácticas sostenibles, como la reforestación, el monitoreo de la fauna o el apoyo a iniciativas locales de conservación.

Uno de los aspectos clave del ecoturismo es la educación ambiental, que ayuda a los visitantes a entender cómo sus acciones pueden influir en el equilibrio ecológico. Los ecoturistas no solo aprenden sobre la flora y fauna local, sino también sobre cómo adoptar comportamientos responsables, como no dejar rastro, respetar los senderos establecidos, evitar la alteración de los hábitats naturales y apoyar las economías locales de manera ética. Este enfoque contribuye a la preservación de los espacios naturales, mientras promueve la sensibilización sobre los desafíos ambientales globales, como el cambio climático, la pérdida de biodiversidad y la contaminación.

Además de la experiencia individual de los ecoturistas, estos destinos también brindan beneficios significativos para las comunidades locales. El ecoturismo, cuando se gestiona adecuadamente, puede generar ingresos importantes para las áreas rurales, promoviendo el empleo local y el desarrollo de infraestructuras sostenibles que mejoren la calidad de vida de los habitantes. También favorece el intercambio cultural, permitiendo que los visitantes aprendan sobre las tradiciones y costumbres locales, mientras que las comunidades anfitrionas tienen la oportunidad de compartir su patrimonio cultural con el mundo, al mismo tiempo que mantienen su identidad.

Uno de los retos más significativos para los gestores de estos espacios es equilibrar la conservación con el turismo. La capacidad de carga y el manejo sustentable de los visitantes son aspectos críticos para evitar la degradación ambiental que el turismo puede ocasionar en zonas vulnerables.

Medidas como la educación ambiental, que se trata en la unidad anterior, son esenciales para minimizar el impacto del turismo en estos lugares.

El papel del ecoturista en la protección de estos entornos es fundamental. Un ecoturista informado y consciente es vital para el éxito del ecoturismo sostenible. Esto puede incluir elegir operadores turísticos que demuestren prácticas sostenibles, participar en actividades de voluntariado centradas en la conservación, y actuar como embajadores del mensaje ambiental en sus comunidades una vez que regresen a casa.

La protección del medioambiente también interfiere positivamente en la mitigación del cambio climático. Al conservar vastas extensiones de bosque, humedales, océanos y otros ecosistemas, se absorben grandes cantidades de dióxido de carbono, uno de los principales gases responsables del efecto invernadero. Además, las prácticas responsables en ecoturismo ayudan a minimizar la huella de carbono individual, creando formas de viajar que son en esencia menos invasivas y más eficientes en términos de recursos.

Otra ventaja de la protección de los sitios naturales es la investigación científica que estos espacios facilitan. La abundancia de especies que se encuentran en áreas protegidas permite a los científicos observar la biodiversidad en un estado casi original, proporcionando datos esenciales para comprender la ecología global y cómo se ve impactada por la actividad humana. Esta investigación contribuye al desarrollo de nuevas tecnologías y proyectos que pueden ayudar en la rehabilitación de áreas degradadas y mejorar el manejo ambiental a nivel mundial.

La importancia de la protección reside en su capacidad para asegurar que el turismo no intrusivo pueda coexistir con la conservación de la naturaleza. Al priorizar la sostenibilidad, fomentamos una relación más consciente entre el turismo, la naturaleza y la humanidad. El ecoturismo emerge, entonces, no solo como una opción válida de recreación, sino también como una forma de turismo que realmente contribuye al bienestar ambiental, económico y social a largo plazo.

 **PARA SABER MÁS**

En el siguiente enlace del Ministerio para la Transición Ecológica y el Reto Demográfico puedes conocer más en profundidad los espacios naturales protegidos. Accede desde aquí:

Continúa en página siguiente >>

<< Viene de página anterior

https://redirectoronline.com/hotu00020106

Reglas y normativas

Las normativas y regulaciones en el ecoturismo son fundamentales para equilibrar la exploración de los recursos naturales con la preservación de los ecosistemas y el respeto a las comunidades locales. Estas directrices, que abarcan niveles locales, nacionales e internacionales, tienen como objetivo promover prácticas turísticas sostenibles, minimizando los impactos negativos en el medioambiente y asegurando beneficios económicos y sociales para las comunidades que dependen del turismo. En España, las políticas y regulaciones relacionadas con el ecoturismo están en constante evolución para responder a los retos ambientales y sociales del sector.

A nivel global, acuerdos como la **Convención sobre la Diversidad Biológica** y los compromisos del **Acuerdo de París sobre el Cambio Climático** guían a los países en la implementación de prácticas responsables y la conservación de la biodiversidad. A nivel nacional, España cuenta con varias normativas clave, entre las que destaca la **Ley 42/2007 del Patrimonio Natural y la Biodiversidad,** que establece las bases para la protección de los espacios naturales y las especies amenazadas. Esta ley promueve el ecoturismo como una herramienta para la conservación de la naturaleza, al tiempo que ofrece beneficios a las comunidades locales, especialmente aquellas que dependen del turismo para su desarrollo económico.

Asimismo, la **Ley 21/2013 de Evaluación Ambiental,** regula las actividades que pueden tener un impacto sobre los espacios naturales protegidos, exigiendo estudios de impacto ambiental antes de la realización de proyectos o actividades turísticas que puedan alterar el equilibrio de los ecosistemas. Esta normativa refuerza la necesidad de asegurar que las actividades ecoturísticas se lleven a cabo de manera sostenible y respetuosa con el entorno, protegiendo las áreas sensibles frente a la sobreexplotación.

NOTA

En el ámbito de los parques nacionales, como el Parque Nacional de Doñana o el Parque Nacional de los Picos de Europa, existen normativas específicas que regulan el acceso de los ecoturistas a las áreas protegidas, limitando la capacidad de carga, estableciendo rutas de senderismo y restringiendo el acceso a zonas de alta fragilidad ecológica. Además, los ecoturistas deben cumplir con las regulaciones sobre el uso de plásticos de un solo uso y la correcta gestión de residuos, como parte de los esfuerzos para reducir la contaminación en estos espacios naturales.

A nivel europeo, la **Directiva Hábitats (92/43/CEE)** y la **Directiva de Aves (2009/147/CE)** juegan un papel clave en la protección de los ecosistemas y las especies en peligro de extinción, estableciendo zonas especiales de conservación (ZEC) y zonas de especial protección para aves (ZEPA), que en España se gestionan a través de la **Red Natura 2000.** Esta red de áreas protegidas está orientada a garantizar la conservación de la biodiversidad, permitiendo que el ecoturismo se desarrolle dentro de los límites que aseguren la preservación de los hábitats y las especies.

En cuanto a las comunidades locales, la **Ley 6/2011 de Protección, Defensa y Promoción del Patrimonio Cultural de Canarias** y otras normativas regionales garantizan que las comunidades indígenas y locales puedan participar en la gestión del ecoturismo y se beneficien directamente de las actividades turísticas. Este enfoque se alinea con el principio de **consentimiento previo, libre e informado** (CPLI), que asegura que las comunidades no solo sean consultadas, sino que también tengan el derecho de decidir sobre el uso y desarrollo de los recursos naturales en sus territorios.

A pesar de los avances en la regulación, las normativas de ecoturismo enfrentan varios desafíos, como la falta de recursos para su implementación efectiva y la necesidad de mejorar la educación tanto de turistas como de operadores turísticos. Las políticas educativas, como la **Estrategia Española de Educación Ambiental,** juegan un papel crucial en sensibilizar a los actores involucrados sobre la importancia de adoptar prácticas sostenibles. La colaboración entre gobiernos, comunidades locales, empresas turísticas y turistas es clave para garantizar la efectividad de las normativas y su aplicación en la práctica.

En última instancia, las regulaciones del ecoturismo no solo protegen la biodiversidad y el patrimonio cultural, sino que también garantizan que las generaciones futuras puedan disfrutar de los mismos recursos naturales y experiencias. A través de un marco normativo adecuado, se fomenta un eco-turismo que no solo preserva el medioambiente, sino que también asegura el desarrollo económico y social de las comunidades locales, garantizando un modelo turístico sostenible para las próximas generaciones.

 PARA SABER MÁS

En el siguiente enlace del Ministerio para la Transición Ecológica y el Reto Demográfico puedes conocer más en profundidad en qué consiste el Convenio sobre la Diversidad Ecológica. Accede desde aquí:

https://redirectoronline.com/hotu00020107

Impacto sobre la biodiversidad

La biodiversidad se refiere a la variedad de vida en todas sus formas, nive-les y combinaciones, incluyendo la diversidad de especies, ecosistemas y variabilidad genética dentro de las especies. En el contexto del ecoturismo, la biodiversidad es uno de los elementos más atractivos y, a su vez, más vulnerables. El impacto que las actividades turísticas pueden tener sobre estos delicados ecosistemas es un tema crucial tanto para la conservación del medioambiente como para la sustentabilidad del turismo.

El ecoturismo influye negativamente en la biodiversidad de las siguientes formas:

Pérdida de biodiversidad	- La pérdida de la biodiversidad suele ser una consecuencia directa de ciertas prácticas turísticas, como la expansión de infraestructuras, el tráfico peatonal excesivo en áreas sensibles y la contaminación. Por ejemplo, la construcción de caminos, alojamientos y otras instalaciones puede fragmentar el hábitat, lo que perturba a las especies locales que dependen de estos hábitats para su supervivencia.
Desgaste físico del terreno	- En muchos destinos, los senderos se han ampliado y endurecido simplemente por la cantidad de personas que pasan regularmente por allí, y esta presión sobre el terreno puede destruir la vegetación y el suelo. Por ejemplo, en áreas forestales o en regiones montañosas, el constante tránsito puede compactar el suelo y erosionar las raíces de los árboles.
Contaminación	- Los residuos generados por los turistas, si no son debidamente gestionados, pueden acumularse en los ecosistemas naturales, lo que actualmente provoca discusiones sobre la contaminación plástica en entornos protegidos. Además, las aguas grises y negras mal tratadas de los alojamientos turísticos pueden filtrarse a los ríos y lagos, alterando los ecosistemas acuáticos y afectando a las especies que dependen de ellos.
Ruido	- El ruido puede perturbar la fauna local, especialmente en reservas de fauna donde ciertas especies son particularmente sensibles a la presencia humana. Un claro ejemplo de ello son las aves, que a menudo tienden a abandonar sus nidos debido al ruido o a la mera presencia humana, lo que puede afectar su éxito reproductivo.

El impacto sobre la biodiversidad no es siempre directo y evidente. Pueden presentarse efectos acumulativos —y, a menudo, irreversibles— si no se adoptan medidas para mitigar el impacto ambiental del ecoturismo.

Las comunidades locales juegan un papel fundamental en la protección de la biodiversidad. La gestión adecuada del ecoturismo puede proporcionar beneficios económicos a las comunidades locales, incentivándolas a proteger sus recursos naturales. No obstante, la falta de capacitación y recursos para gestionar adecuadamente un crecimiento sostenible del ecoturismo puede conducir a un desarrollo desordenado que perjudica el entorno natural.

Un componente vital del ecoturismo es la educación ambiental. Los ecoturistas, al ganar un entendimiento profundo de la biodiversidad y los problemas de conservación, pueden convertirse en promotores de la preservación ambiental. Las experiencias educativas pueden sensibilizar a los visitantes sobre la importancia de las especies y los ecosistemas locales, llevando este conocimiento de regreso a sus comunidades de origen.

Para mitigar el impacto negativo del ecoturismo sobre la biodiversidad, se requiere de una planificación cuidadosa y la implementación de regulaciones estrictas. Es crucial establecer límites de carga que determinen la cantidad máxima de visitantes que un sitio puede soportar sin dañar sus recursos naturales. Los planes de manejo integral para las áreas protegidas deben incluir medidas como senderos claramente delimitados, horarios de visita reglamentados, y restricciones que limiten el acceso a áreas particularmente vulnerables.

NOTA

Los principios del ecoturismo sostenible deben incorporar, asimismo, un enfoque de participación comunitaria. Involucrar a las comunidades locales en las prácticas de manejo ambiental y en los beneficios económicos derivados del ecoturismo no solo ayuda a la conservación de la biodiversidad, sino que también posibilita el empoderamiento social y el desarrollo económico. Por ejemplo, las iniciativas de turismo comunitario permiten a los residentes compartir su conocimiento del entorno local, al mismo tiempo que se benefician económicamente.

5.3. Itinerarios/*Ecotours*

Una de las piezas fundamentales para el éxito del ecoturismo es la planificación cuidadosa de itinerarios y *ecotours*. Un itinerario de *ecotour* no solo debe contemplar la experiencia enriquecedora del turista, sino también garantizar que esta actividad sea respetuosa y amigable con el medioambiente y las comunidades locales. A diferencia de las formas tradicionales de turismo, el ecoturismo aboga por experiencias más inmersivas y respetuosas, que permiten a los participantes conectarse tanto con la naturaleza como con la cultura local.

Los **elementos esenciales de un itinerario de** *ecotour* son:

- ⮡ **Evaluación de sitios naturales.** Al desarrollar un itinerario de *ecotour*, el primer paso es la identificación y evaluación de sitios naturales que tengan un valor ambiental inherente, como reservas naturales, parques nacionales o áreas de conservación. Estos lugares deben ser selecciona- dos no solo por su belleza escénica, sino también por sus características ecológicas que los hacen únicos, como hábitats de especies endémicas o en peligro de extinción.
- ⮡ **Participación de las comunidades locales.** La inclusión y colaboración con las comunidades locales es un componente clave. Involucrar a estas comunidades garantiza que las actividades sean enriquecedoras y cul- turalmente significativas tanto para los turistas como para los residentes. Las comunidades pueden participar ofreciendo comida típica, demos- traciones artesanales o relatos sobre la historia y leyendas locales.
- ⮡ **Impacto mínimo en el entorno.** El itinerario debe estar diseñado para reducir al máximo el impacto ambiental. Esto incluye prácticas como li- mitar el tamaño de los grupos, establecer rutas claras y permitir el tiempo suficiente para la recuperación del ecosistema entre visitas. Los guías deben enfatizar la importancia de "dejar solo huellas", es decir, evitar cualquier perturbación o alteración del entorno.
- ⮡ **Educación y sensibilización.** El itinerario no debe ser solo un recorrido visual; debe implicar un componente educativo sólido. La sensibilización es clave para promover actitudes y comportamientos que contribuyan a la conservación del medioambiente. Los guías deben estar capacitados para transmitir información sobre los ecosistemas, la biodiversidad y las amenazas que enfrentan estos hábitats.

Los ecotours ofrecen experiencias responsables que combinan aventura, aprendizaje y respeto por la naturaleza.

Diseño de itinerarios

El diseño de itinerarios es una de las tareas más relevantes en el planeamiento de cualquier actividad de ecoturismo. Un itinerario bien diseñado no solo asegura una experiencia enriquecedora para el ecoturista, sino que también fomenta un manejo sostenible de los recursos naturales y culturales que componen el destino.

Para esta actividad hay que tener en cuenta tanto los intereses de los ecoturistas como la conservación del entorno atendiendo a los siguientes **puntos:**

- ⮌ **Conocimiento del destino y evaluación de recursos.** El primer paso en el diseño de itinerarios es un conocimiento profundo del destino y de los recursos disponibles. Esto implica una evaluación de la biodiversidad local, la geografía, el clima y la cultura. Los diseñadores de itinerarios deben realizar visitas de campo para valorar la capacidad de carga del área, identificar áreas sensibles y determinar qué sitios ofrecen las mejores experiencias sin comprometer la sostenibilidad. Por ejemplo, si el destino es un área rica en avifauna, como un bosque tropical, el itinerario podría incluir recorridos al amanecer que coinciden con el momento de mayor actividad de las aves. Esto no solo realza la experiencia del ecoturista, sino que también minimiza el impacto, ya que las horas de la mañana suelen ser menos críticas para otras actividades, como el descanso de la fauna nocturna.
- ⮌ **Definición del enfoque temático.** Todo itinerario de ecoturismo debe tener un enfoque temático claro, que guíe tanto el contenido de la experiencia como las expectativas del público. Este enfoque debe alinearse con los intereses del perfil de ecoturista identificado previamente. Temáticas comunes pueden incluir la observación de vida silvestre, el estudio de procesos ecológicos, la exploración de prácticas culturales sostenibles o el recorrido por paisajes geológicos únicos. Por ejemplo, un itinerario centrado en la biodiversidad de la Amazonía puede incluir caminatas guiadas a través de la selva para descubrir especies emblemáticas, así como visitas a comunidades indígenas que viven en armonía con la naturaleza. Este enfoque temático proporciona una narrativa coherente que enriquece el viaje y fomenta una mayor conexión con el entorno.
- ⮌ **Planificación del tiempo y estructura del itinerario.** La organización temporal del itinerario es crucial para maximizar el disfrute y minimizar la fatiga. Un itinerario bien estructurado equilibra tiempos de actividad y descanso, asegurando que los visitantes mantengan su energía y entusiasmo. Es importante considerar la distancia entre los puntos de interés, el tiempo de traslado necesario y la duración de las actividades para evitar sobrecargar al ecoturista. Un ejemplo de estructura diaria podría incluir una salida temprana para la observación de fauna, un almuerzo al mediodía en un sitio sombreado, seguido de un período de descanso.

Las actividades vespertinas podrían abarcar visitas a comunidades locales o talleres de artesanía autóctona. Cada día debería culminar con un repaso de los aprendizajes adquiridos, permitiendo a los ecoturistas reflexionar sobre sus experiencias.

○ **Consideraciones logísticas y de accesibilidad.** La logística juega un papel crucial en el diseño de itinerarios. Esto incluye desde la selección de rutas seguras hasta la provisión de transporte, alojamiento y alimentos sustentables. Además, los itinerarios deben ser accesibles para un público diverso, considerando diferentes niveles de habilidad física y experiencia. Integrar servicios logísticos como guías locales capacitados no solo enriquece la experiencia al proporcionar perspectivas autóctonas, sino que también fortalece la economía local. Un ejemplo práctico es la contratación de guías comunitarios para caminatas en sitios arqueológicos, quienes pueden ofrecer relatos e interpretaciones que conectan históricamente al visitante con el territorio explorado.

○ **Consideraciones éticas y sostenibilidad.** El ecoturismo se fundamenta en principios éticos y de sostenibilidad, por lo que cada paso en el diseño del itinerario debe reflejar estos valores. Esto incluye el respeto a la legislación local, apoyo a las comunidades anfitrionas, implementación de prácticas de turismo responsable y preservación del medioambiente. Un itinerario éticamente planificado podría incorporar participación comunitaria, como la opción de que los ecoturistas colaboren en proyectos de conservación local como el monitoreo de especies en riesgo. Esto no solo fortalece el sentido de colaboración y responsabilidad en el turista, sino que también proporciona beneficios tangibles a las comunidades receptoras.

○ **Comunicación y promoción del itinerario.** Finalmente, la manera en que se comunica y promueve el itinerario debe ser clara y honesta, resaltando no solo los aspectos atractivos de la experiencia, sino también las responsabilidades o limitaciones que los ecoturistas deben considerar. Una comunicación efectiva incluye guías de comportamiento sostenible, recomendaciones de equipamiento e información sobre condiciones climáticas y del terreno. Por ejemplo, un díptico del itinerario podría listar explícitamente las rutas de senderismo disponibles junto con sus niveles de dificultad, normas de interacción con la fauna silvestre y consejos para minimizar la generación de residuos. Esto asegura que los ecoturistas estén bien preparados y sean conscientes de las implicancias de su visita, contribuyendo a una experiencia positiva y responsable.

El diseño de itinerarios en ecoturismo es un proceso meticuloso que requiere una profunda comprensión tanto de los atributos del destino como de las expectativas y capacidades del ecoturista. Diseñar itinerarios sostenibles no solo es una ventaja competitiva, sino una necesidad moral en el contexto actual de desafíos ambientales. Siguiendo un enfoque cuidadosamente considerado, es posible crear experiencias que no solo satisfacen, sino que también transforman y educan, dejando un impacto duradero tanto en los visitantes como en las comunidades y los ecosistemas locales.

Duración y temporada

La duración de un viaje ecoturístico puede variar ampliamente dependiendo de diversos factores, como el destino, las actividades planeadas, los objetivos del visitante y las restricciones de tiempo que pueda tener el ecoturista. En términos generales, los viajes ecoturísticos puedon variar desde salidas de un día hasta expediciones de varias semanas. Sin embargo, definir la duración óptima implica un análisis más profundo.

Los **factores** a tener en cuenta son:

Tipo de actividad	- Las actividades planificadas influirán significativamente en la duración del itinerario. Actividades como el voluntariado en conservación suelen requerir estancias más prolongadas, mientras que un simple tour guiado puede ser una actividad de un día.
Objetivos del ecoturista	- Si el objetivo del visitante es aprender profundamente sobre la biodiversidad de una región o contribuir a un proyecto de conservación, la duración deberá ajustarse para permitir suficiente tiempo para estas actividades.
Accesibilidad al destino	- El tiempo de traslado también afecta a la duración. Los lugares más remotos pueden requerir viajes más largos para considerar el tiempo dedicado a llegar y regresar del destino.
Condición física del ecoturista	- Es importante ajustar la duración de las actividades al nivel de confort y capacidad física de los turistas. Los itinerarios deben estructurarse para evitar el agotamiento, proporcionando un equilibrio adecuado entre actividades y tiempo de descanso.
Impacto ambiental	- Uno de los principios del ecoturismo es minimizar el impacto negativo en el ambiente; por lo tanto, la duración del viaje debe ser tal que no contribuya al deterioro del entorno natural ni perturbe las especies locales.

En definitiva, la duración de un viaje ecoturístico no solo depende de las preferencias personales del visitante, sino también de una planificación cuidadosa que considere el tipo de actividad, los objetivos del viaje, la accesibilidad al destino, la condición física del ecoturista y el impacto ambiental. Al equilibrar estos factores, se garantiza una experiencia enriquecedora que respeta tanto las expectativas del viajero como la sostenibilidad del entorno visitado. Esto subraya la importancia de diseñar itinerarios responsables que maximicen el disfrute y minimicen la huella ecológica.

5.4. Actividades en contacto directo con la naturaleza

Las actividades en contacto directo con la naturaleza se han convertido en un elemento esencial del ecoturismo, y ofrecen a los ecoturistas la oportunidad inigualable de interactuar con el entorno natural de una manera auténtica y respetuosa. Estas actividades no solo promueven la apreciación del medioambiente, sino que también fomentan un mayor entendimiento y sensibilización hacia la conservación de los ecosistemas.

A continuación, exploraremos algunas de las **actividades** más comunes que, al realizarse, permiten una conexión profunda y significativa con la naturaleza:

➲ **Senderismo y caminatas guiadas.** El senderismo es una de las actividades en contacto con la naturaleza más accesibles. Estás activamente involucrado, absorbiendo el aire limpio, observando la flora y la fauna locales y experimentando de manera directa el paisaje. Caminatas guiadas ofrecen la ventaja de contar con expertos que pueden compartir conocimientos sobre el ecosistema, permitiendo a los participantes aprender sobre áreas como botánica, geología y la historia cultural de la región. Por ejemplo, una caminata a través de la selva amazónica puede ofrecerte la oportunidad de aprender sobre el uso medicinal de las plantas, de la mano de un guía local.
➲ **Avistamiento de vida silvestre.** El avistamiento de vida silvestre es otra actividad crucial para los ecoturistas interesados en la fauna local. Esta práctica se centra en observar a los animales en su hábitat natural, sin intervención ni molestia para ellos. Desde observar delfines rosados en el Amazonas hasta presenciar la gran migración de ñus en el Serengeti, el avistamiento de vida silvestre permite a los ecoturistas convivir de forma pacífica con la vida animal, mientras desarrollan un entendimiento más profundo del ciclo vital de estas especies y las amenazas a las que se enfrentan.
➲ *Kayak* **y actividades acuáticas.** Las actividades acuáticas, tales como el *kayak* o el *snorkel*, proporcionan una perspectiva única de los ecosistemas acuáticos. Explorar ríos, lagos o costas con un *kayak* permite

la apreciación detallada de la vida silvestre acuática y litoral. Por ejemplo, en las costas australianas, hacer *kayak* no solo te acerca a especies marinas como tortugas y peces multicolores, sino que también puede ayudar a comprender ecosistemas más frágiles como los arrecifes de coral. Las aguas tranquilas de un lago andino en un *kayak* te permiten una conexión íntima con el paisaje que difícilmente puede ser igualada desde la orilla.

- **Excursionismo en montañas y exploración de cumbres.** La escalada y el excursionismo en montañas constituyen actividades desafiantes que recompensan a los aventureros con vistas panorámicas impresionantes y una percepción renovada sobre la amplitud y diversidad de los ecosistemas. El ascenso a una montaña no es solo un reto físico, sino una experiencia de inmersión en diferentes biomas que varían drásticamente con la altitud. Piensa en los viajeros que escalan el Kilimanjaro, experimentando varios ecosistemas distintos, desde las llanuras de sabana hasta la frialdad árida cerca de la cumbre.

- **Observación de aves.** La observación de aves, o aviturismo, es una actividad muy popular y accesible para ecoturistas de todas las edades. Los observadores pueden pasar horas disfrutando del canto de las aves y observando los comportamientos cotidianos de diversas especies en sus hábitats naturales. Bosques tropicales en Costa Rica o pantanos del sureste de Estados Unidos sirven como fantásticas locaciones para dicha práctica. Sensibiliza a los participantes sobre el impacto de la deforestación y el cambio climático, al alterar los patrones de migración de estas aves.

- **Ciclismo de montaña.** Para aquellos que buscan un poco más de adrenalina, el ciclismo de montaña ofrece una manera activa y emocionante de experimentar el aire libre. Con rutas que van desde lo relativamente sencillo hasta lo extremadamente exigente, el ciclismo de montaña permite acceder a áreas más remotas mientras se mantiene una conexión íntima con el entorno. En regiones como los Apalaches o los Andes chilenos, los ciclistas pueden experimentar una variación fenomenal de paisajes.

- **Acampada.** Acampar en la naturaleza encapsula la esencia del ecoturismo, al permitir una completa inmersión en el ambiente natural. Dormir bajo las estrellas, cocinar junto a una fogata y convivir con la naturaleza en su estado más puro constituye una experiencia sin rival en su capacidad para desconectar de los rigores de la vida moderna y conectar con lo elemental. Existen oportunidades para acampar en diversos parques naturales alrededor del mundo, desde los parques nacionales de los Estados Unidos hasta las estepas de Mongolia.

- **Agricultura participativa.** Una forma de conectar con la tierra y comprender los métodos sostenibles es mediante la participación en la agricultura orgánica o biodinámica. Programas como Wwoofing *(World Wide Opportunities on Organic Farms)* permiten a los ecoturistas experimentar de cerca la vida en una granja. Esta experiencia involucra desde la siembra y cosecha hasta el cuidado del ganado. A través de la agricultura participativa, los turistas pueden aprender sobre técnicas de cultivo orgánico y permacultura mientras disfrutan del contacto diario con el ambiente rural.

- **Turismo de inmersión cultural en comunidades indígenas.** Conocer e interactuar con las comunidades locales es un componente fundamental del ecoturismo. Participar en actividades de inmersión cultural, como talleres de artesanías, preparación de alimentos tradicionales u observación de rituales, permite a los ecoturistas entender y apreciar las diferentes perspectivas culturales. Comunidades indígenas de diversas partes del mundo, como los *masái* en Tanzania o los *kichwa* en Ecuador, ofrecen oportunidades para actividades auténticas que fortalecen el tejido de las relaciones interculturales.

- **Observación de estrellas y ecología nocturna.** Cuando el sol se pone, la naturaleza ofrece un nuevo espectáculo lleno de vida y misterio. La observación de estrellas lejos de las luces de la ciudad nos permite admirar la inmensidad del universo, reconectando con los ciclos naturales del día y la noche. El turismo nocturno también puede involucrar observar el comportamiento de los animales nocturnos y los ritmos de la naturaleza que solo se revelan oscuridad.

- **Exploración de cuevas.** La espeleología ofrece una oportunidad única para explorar las formaciones geológicas enterradas, que hablan de la historia profunda de nuestro planeta. Reservas naturales con complejas redes de cuevas permiten observar formaciones estalagmíticas y estalactíticas, así como descubrir biodiversidad inusual adaptada a las condiciones subterráneas. La cueva de Waitomo en Nueva Zelanda, famosa por sus luciérnagas, ilustra maravillosamente cómo este entorno específico puede impresionar y educar.

Las actividades en contacto con la naturaleza se caracterizan por ser inmersivas, sostenibles y diseñadas para fomentar la conexión y el respeto por los ecosistemas, promoviendo experiencias enriquecedoras sin alterar el equilibrio ambiental.

Por otra parte, los ecoturistas son incentivados a participar en programas de voluntariado que contribuyan directamente a la restauración y conservación de estos ecosistemas. En este sentido, las actividades acuáticas son una invitación a sumergirse en la aventura, pero, sobre todo, a ser custodios activos del mundo natural.

NOTA

El senderismo, como actividad de ecoturismo, aboga por prácticas sostenibles que minimicen el impacto en el entorno. Los senderistas son, generalmente, animados a seguir las normas del *leave no trace* (no dejar rastro), un conjunto de principios que promueven el respeto por los lugares naturales. Esto incluye llevarse toda su basura, no arrancar las plantas y obedecer las normas del parque o área natural.

Además, el diseño y mantenimiento de los senderos también juega un papel esencial en la sostenibilidad del senderismo. Los senderos están, generalmente, diseñados para seguir rutas que minimizan la erosión y protegen los hábitats sensibles. Esto implica un equilibrio entre ofrecer acceso a los humanos y preservar el bienestar del ecosistema. Algunos senderos pueden, incluso, incluir construcciones como puentes o caminos elevados para proteger áreas frágiles del pisoteo continuo.

Las actividades acuáticas ofrecen un puente entre la aventura y la ecología, entre la maravilla del mundo acuático y la urgencia de su protección. El ecoturismo nos desafía no solo a observar, sino a ser protagonistas activos de la conservación ambiental, garantizando que los paisajes que tanto admiramos hoy sean el hogar próspero de innumerables especies para las generaciones que vendrán.

5.5. Otros servicios complementarios

En el contexto del ecoturismo, imagine la experiencia de un viaje que no solo conecta al turista con la naturaleza, sino que también ofrece una serie de servicios complementarios diseñados para enriquecer aún más esta conexión y proporcionar un acercamiento más profundo y significativo a la cultura local, el entorno y la biodiversidad del destino. Este apartado se centra en esos servicios complementarios, que no son estrictamente necesarios para disfrutar de una experiencia ecoturística, pero que pueden añadir un gran valor tanto para el visitante como para las comunidades locales.

Los principales **servicios complementarios** son:

- **Interpretación ambiental y cultural.** Un servicio fundamental complementario es la interpretación ambiental y cultural, que busca proporcionar al ecoturista una comprensión más profunda del lugar que visita. Los guías locales juegan un papel crucial en este aspecto, ya que no solo conocen las rutas y los sitios a visitar, sino que también entienden la historia, cultura y ecología del área. Por ejemplo, en una caminata por un bosque tropical, un guía puede explicar la interacción entre diferentes especies y el papel de cada una en el ecosistema, o contar la historia de los pueblos indígenas que habitan o habitaron el área. Este conocimiento enriquece la experiencia del turista y fomenta una actitud más respetuosa y consciente hacia el entorno natural.

- **Gastronomía local.** La gastronomía es otro atractivo que actúa como un servicio complementario importante en las experiencias de ecoturismo. Al degustar platillos tradicionales preparados con ingredientes locales, el turista no solo satisface su paladar, sino que también adquiere un conocimiento más profundo sobre la cultura del lugar. Proyectos de turismo comunitario pueden involucrar a familias locales que ofrecen comidas tradicionales a los visitantes, proporcionando una oportunidad para que los turistas prueben productos frescos y típicos del área como frutas exóticas o platillos elaborados con técnicas ancestrales. Esta interacción también puede fortalecer la capacidad de las comunidades locales para desarrollar emprendimientos sostenibles.
  En varios destinos ecoturísticos, se organizan talleres de cocina donde los visitantes pueden aprender a preparar platos tradicionales, lo que enriquece aún más su experiencia al fomentar la empatía y el respeto hacia las formas de vida locales. Estos talleres fomentan la transferencia de conocimientos y garantizan que las tradiciones culinarias se mantengan vivas a través de las generaciones.

- **Artesanías y productos locales.** Las artesanías desempeñan un papel vital en la sostenibilidad de las economías locales de muchos destinos ecoturísticos. La compra de productos hechos a mano no solo genera ingresos para los artesanos, sino que también refuerza el valor cultural y la identidad de las comunidades. Con frecuencia, los turistas pueden visitar talleres donde los artesanos trabajan, observar el proceso de creación de estos productos y aprender sobre los materiales y técnicas utilizadas, como el tejido a mano, la cerámica, la cestería o la talla de madera. Este tipo de experiencias proporcionan un enriquecimiento cultural significativo y permiten al visitante llevarse a casa un recuerdo que captura la esencia del lugar.

Algunos destinos organizan ferias locales y mercados donde los artesanos pueden exhibir y vender sus productos. Estas ferias no solo crean un espacio para la comercialización, sino que también actúan como plataformas para el intercambio cultural, donde los visitantes interactúan directamente con los creadores de estas obras y comprenden mejor su valor y significado.

- **Programas de conservación y voluntariado.** Uno de los servicios más integradores en el turismo ecológico es la posibilidad de involucrarse en programas de conservación ambiental. Estos programas ofrecen a los turistas la oportunidad de contribuir activamente a proyectos de protección del medioambiente, como reforestación, programas de monitoreo de vida silvestre, limpieza de playas o restauración de hábitats.

  El voluntariado no solo ofrece una experiencia educativa y de servicio para los turistas, sino que también proporciona una mano de obra vital y gratuita para las organizaciones locales que trabajan en la conservación. Estos programas suelen estar bien organizados y supervisados, asegurando que la participación de los voluntarios sea constructiva y apoye las necesidades reales de los proyectos de conservación.

- **Alojamiento sostenible.** El alojamiento en *lodges* ecológicos y hoteles sostenibles es otro servicio complementario que cobra importancia en la experiencia del ecoturismo. Estos establecimientos son diseñados para minimizar su impacto ambiental al implementar prácticas sostenibles como el uso de energías renovables, sistemas de reciclaje de agua, programas de compostaje, y construcción con materiales locales y biodegradables.

  A menudo, estos alojamientos también promueven iniciativas educativas para los huéspedes, proporcionando información sobre sus esfuerzos de sostenibilidad y las prácticas que pueden replicar en sus propias vidas. Algunos incluso ofrecen talleres sobre temas como la permacultura o la construcción con recursos sostenibles, brindando a los visitantes la oportunidad de aprender y aplicar estas prácticas en sus propios contextos.

- **Bienestar y actividades recreativas.** Por último, las actividades de bienestar (como el yoga, la meditación, los masajes y los tratamientos de *spa* con productos naturales y locales) complementan la experiencia del ecoturismo al promover el bienestar físico y mental de los turistas. Estos servicios no solo ayudan a los visitantes a relajarse y disfrutar del entorno, sino que también respaldan enfoques holísticos para la salud y la sostenibilidad.

Lugares naturales como playas, ríos, selvas o montañas sirven como escenario perfecto para estas actividades, permitiendo a los participantes conectarse profundamente con la naturaleza mientras cuidan de su salud. Las "rutas de bienestar", que combinan caminatas al aire libre con sesiones de meditación guiadas, son cada vez más populares en destinos ecoturísticos.

Cada uno de estos servicios complementarios tiene el potencial de enriquecer la experiencia del ecoturista, proporcionándole no solo un mayor entendimiento y apreciación del lugar que visita, sino también un compromiso más activo y consciente con el cuidado del medioambiente y las comunidades locales. Los destinos ecoturísticos que logran integrar estos servicios de manera efectiva no solo mejoran la satisfacción del visitante, sino que también contribuyen de manera sustancial al desarrollo sostenible de los territorios en los que operan.

Restaurantes ecológicos

En el contexto del ecoturismo, los restaurantes ecológicos ocupan un lugar primordial, ya que no solo satisfacen las necesidades gastronómicas de los turistas, sino que también contribuyen a la sostenibilidad medioambiental. Un restaurante ecológico va más allá de ser un simple establecimiento de comidas; es un emblema de responsabilidad ambiental y un reflejo de un compromiso genuino con el respeto por la naturaleza. Estos espacios gastronómicos buscan minimizar el impacto ambiental y promover prácticas de consumo consciente, alineándose con los valores y expectativas que caracterizan al perfil del ecoturista moderno.

Los **restaurantes ecológicos** operan bajo un paradigma que integra prácticas sostenibles en todas las áreas de su funcionamiento, desde la selección de ingredientes hasta las técnicas de preparación y el manejo de residuos. Se centran en ofrecer alimentos que son, en su mayoría, orgánicos, de temporada y producidos localmente. La aproximación a los restaurantes ecológicos implica un enfoque holístico donde cada aspecto recibe atención desde la perspectiva del impacto ambiental.

Para poder considerar un restaurante como ecológico es necesario establecer los siguientes **puntos:**

- **Selección de ingredientes.** Una de las características fundamentales de los restaurantes ecológicos es su enfoque en ingredientes locales y sostenibles. Estos establecimientos establecen relaciones con productores locales, lo que fomenta la economía local y minimiza la huella de carbono que resulta del transporte de alimentos. Al utilizar ingredientes locales y de temporada, los restaurantes ecológicos no solo ofrecen comidas frescas y de alta calidad, sino que también reducen significativamente la cantidad de energía y recursos que de otra manera se necesitarían para la producción y el transporte de alimentos no locales.
- **Técnicas de cocción y preparación sustentables.** En cuanto a las técnicas de cocción, los restaurantes ecológicos optan por métodos que

ahorren energía y preserven la calidad de los alimentos. La cocina solar, por ejemplo, es una técnica que ha ganado popularidad, debido a su baja energía y cero emisiones de carbono. Asimismo, las prácticas como el compostaje y el uso de aguas residuales tratadas para riego permiten un ciclo de operaciones más sostenible.

- **Gestión de desechos.** La gestión de residuos es otra área clave en los restaurantes ecológicos. Estos restaurantes implementan sistemas de reciclaje y compostaje para minimizar los desechos que terminan en vertederos. Muchos también han eliminado el uso de plásticos de un solo uso y optado por alternativas biodegradables para empaques y utensilios. La separación de basura en cuanto a residuos biodegradables y reciclables es una práctica común y fundamental.

- **Innovación y tecnología.** Los avances tecnológicos han permitido que los restaurantes ecológicos adopten tecnologías innovadoras para optimizar sus operaciones. Desde equipos de cocina de bajo consumo energético hasta aplicaciones que gestionan eficientemente los inventarios y evitan el desperdicio, la innovación tecnológica es una aliada en la sostenibilidad. Las aplicaciones de reserva y menú digitales también ayudan a minimizar el papel. Además, la instalación de paneles solares y sistemas de colectores de aguas pluviales son ejemplos claros de cómo la tecnología puede integrarse para generar beneficios económicos y ecológicos para estos restaurantes.

- **Educación y conciencia.** Una característica destacada de muchos restaurantes ecológicos es su compromiso con la educación ambiental. A través de talleres, recorridos por huertos locales conectados al restaurante y la inclusión en el menú de información sobre el origen de los ingredientes y el impacto de elección de menú, estos establecimientos educan a los comensales sobre la importancia de la sostenibilidad.

- **Desafíos y beneficios.** Como en todo esfuerzo de sostenibilidad, los restaurantes ecológicos enfrentan desafíos significativos. Desde los costes adicionales asociados con la obtención de ingredientes orgánicos y sostenibles hasta la necesidad de capacitar adecuadamente al personal, las barreras logísticas pueden ser desalentadoras. Sin embargo, los beneficios son significativos y duraderos.

- **Importancia.** Los restaurantes ecológicos juegan un papel crítico en el desarrollo del ecoturismo, proporcionando a los turistas experiencias auténticas y enriquecedoras. Estos establecimientos ofrecen un modelo de consumo y producción que refleja los valores de conservación y respeto por el medioambiente, representando una oportunidad para que los ecoturistas experimenten de primera mano las prácticas sostenibles en acción.

Para aquellos interesados en el ecoturismo, elegir un restaurante ecológico durante sus viajes significa apoyar una cadena de valor que tiene en cuenta el bienestar del planeta. Además, estas experiencias pueden inspirar a los ecoturistas a implementar prácticas sostenibles en su vida diaria, promoviendo un cambio positivo más allá de la experiencia del viaje en sí.

En un mundo cada vez más consciente de la necesidad de proteger nuestro entorno natural, los restaurantes ecológicos van en línea de un modelo turístico que no solo respeta, sino que mejora los ecosistemas en los que opera, dando forma a un futuro donde el viajar y el cuidado del planeta van de la mano.

 ACTIVIDAD COMPLEMENTARIA

3. Investiga en fuentes externas ejemplos de distintas técnicas de cocción y preparación sustentable de recetas en restaurantes ecológicos.

Facilidades de transporte

En el fascinante campo del ecoturismo, un elemento esencial que contribuye al éxito de esta experiencia es el acceso y la disponibilidad de facilidades de transporte adecuadas. Los ecoturistas, en su búsqueda por conectarse con la naturaleza y explorar entornos menos perturbados, se benefician enormemente de sistemas de transporte eficientes, sostenibles y bien planificados. A medida que los centros de información proporcionan un punto de partida crucial para la orientación del ecoturista, las facilidades de transporte juegan un papel fundamental en la concreta realización de las actividades ecoturísticas.

Las **facilidades de transporte** en el contexto del ecoturismo incluyen una variedad de aspectos, desde la accesibilidad a zonas remotas hasta la provisión de opciones de transporte sostenibles que minimicen el impacto ambiental.

Analizar estos factores es clave para garantizar que los ecoturistas puedan disfrutar de su experiencia mientras contribuyen a la conservación del entorno:

➲ **Accesibilidad y conexión.** El primer aspecto a considerar es la accesibilidad. Los destinos de ecoturismo a menudo se ubican en áreas remotas y poco urbanizadas, donde la conexión con infraestructuras de transporte más amplias es limitada. Por lo tanto, es crucial implementar estrategias que faciliten la llegada de ecoturistas a estas regiones sin perturbar el ecosistema local. El desarrollo de infraestructura vial cuidadosa y estratégica puede aumentar la accesibilidad a estos lugares. Sin embargo, es vital que dichas infraestructuras se diseñen teniendo en cuenta los impactos ambientales. La construcción de carreteras y caminos debe realizarse con materiales amigables con el medioambiente y en rutas que eviten interferir con hábitats sensibles o áreas de alta biodiversidad.

- **Transporte público y movilidad compartida.** Otra opción crucial para facilitar el acceso es el desarrollo de sistemas de transporte público eficientes y sostenibles que conecten las áreas urbanas con los destinos ecoturísticos. El uso del transporte público no solo reduce la huella de carbono del visitante, sino que también puede integrarse perfectamente con otros modos de transporte sostenible, como bicicletas eléctricas o vehículos híbridos para los últimos tramos del viaje. Además, la promoción de servicios de movilidad compartida y plataformas de *carpooling* entre ecoturistas puede ofrecer una solución práctica y ecológica para desplazarse dentro de y hacia los destinos naturales. Estas opciones no solo disminuirán el impacto ambiental, sino que también fomentarán la interacción social y el intercambio de experiencias entre los viajeros que comparten una pasión común por la naturaleza.

- **Transporte sostenible.** Una consideración crucial en el desarrollo de facilidades de transporte es su sostenibilidad. Actualmente, hay un impulso hacia el uso y promoción de vehículos que operen con energía limpia, como los automóviles eléctricos y los autobuses de hidrógeno. La implementación de estaciones de carga eléctrica en las rutas hacia destinos ecoturísticos es un paso necesario hacia la sostenibilidad del transporte. Otra estrategia es la integración de barcos y ferris impulsados con energías renovables en áreas con rutas acuáticas. Estas opciones permiten un acceso respetuoso con el medioambiente a zonas ecoturísticas ubicadas en islas o zonas insulares protegidas.

- **Infraestructura de apoyo.** Las facilidades de transporte en el ecoturismo también contemplan la presencia de infraestructura de apoyo que enriquezca la experiencia del visitante. Estaciones de descanso, puntos de información intermedios, y servicios básicos como baños ecológicos y áreas de picnic deben planificarse estratégicamente a lo largo de las rutas turísticas. Estas instalaciones deben cumplir con estándares medioambientales elevados y utilizar tecnologías verdes para gestionar el uso de agua, energía y residuos. De esta forma, se asegura que los turistas puedan disfrutar de comodidades modernas sin comprometer la integridad del entorno natural que los rodea.

- **Impacto cultural y social.** Es importante reconocer que las facilidades de transporte también tienen un impacto cultural y social en las comunidades locales. La mejora de la conectividad puede abrir puertas para el desarrollo económico de estas áreas, permitiendo el flujo de turismo y comercio sostenibles. Sin embargo, también es esencial que esta apertura no se haga a expensas del tejido cultural y social de las comunidades. Por lo tanto, es crucial fomentar el diálogo y la participación entre los actores del turismo, los ecoturistas y las comunidades locales para evaluar cómo el desarrollo del transporte puede satisfacer las necesidades de todas las partes involucradas. Esto puede incluir la contratación de guías locales, la promoción de artesanías y productos locales en estaciones de tránsito, y la organización de eventos culturales que sensibilicen a los visitantes sobre la riqueza cultural de la localidad.

En general, las facilidades de transporte juegan un papel clave y multifacético en la experiencia del turismo ecológico. A través del diseño inteligente, la implementación de infraestructura sostenible y el fomento de la conexión cultural y social positiva, es posible promover un turismo que no solo sea accesible y cómodo para los ecoturistas, sino que también contribuya activamente a la conservación del medioambiente y al bienestar de las comunidades anfitrionas. Al trabajar en conjunto, las facilidades de transporte y el ecoturismo pueden ser una fuerza poderosa para el cambio positivo, sirviendo tanto a los viajeros conscientes como a nuestro planeta.

El transporte público, clave para reducir la huella de carbono en el ecoturismo, fomenta la movilidad sostenible mientras protege los ecosistemas visitados.

Centros de información

El ecoturismo, en su esencia, busca fomentar el respeto y aprecio por el medioambiente y las culturas locales mientras propicia un desarrollo sostenible. Una de las herramientas fundamentales para lograr estos objetivos son los centros de información, que se convierten en puentes que conectan a los ecoturistas con el entorno natural y cultural que desean explorar.

Los centros de información desempeñan un papel crucial para la educación y concienciación de los turistas acerca de los ecosistemas que van a visitar. Estos centros no solo son lugares donde los ecoturistas pueden obtener mapas o direcciones, sino que son centros de aprendizaje que proporcionan información detallada sobre la flora, fauna, geografía, historia y las culturas locales del lugar visitado.

Proporcionar información detallada garantiza que los visitantes no solo disfruten su experiencia, sino también comprendan la importancia de proteger estos entornos y contribuyan a su conservación.

A continuación, se citan los principales **aspectos** importantes sobre los centros de información:

- ⊃ **Importancia de los centros de información.** En el contexto del ecoturismo, los centros de información funcionan como el primer contacto educativo para los turistas. Dado que el ecoturismo implica una interacción directa y a menudo intensa con la naturaleza, es vital que los visitantes comprendan la fragilidad de los ecosistemas que están visitando. A través de presentaciones interactivas, exposiciones y guías bien informados, los centros de información educan a los visitantes sobre cómo ser turistas responsables y minimizar su impacto ambiental. A menudo, estos centros presentan exhibiciones sobre los retos ambientales actuales, como el cambio climático y la preservación de hábitats, proporcionando a los turistas una comprensión más profunda de los problemas globales y cómo su visita puede ser parte de la solución, apoyando iniciativas ecológicas locales.
- ⊃ **Servicios proporcionados por centros de información.** Además de la educación ambiental, los centros de información proporcionan una variedad de servicios esenciales para los ecoturistas. Los mapas detallados y las guías locales ayudan a los visitantes a planificar sus itinerarios de manera que optimicen su experiencia y respeten las zonas sensibles. Estos centros a menudo se coordinan con guías locales para ofrecer tours que son ambientalmente responsables y culturalmente enriquecedores. Muchos centros también ofrecen capacitaciones o talleres sobre técnicas de turismo responsable, como el "no dejar rastro" o como participar en la observación de la vida silvestre sin alterar el comportamiento natural de los animales. Estas actividades son esenciales para asegurar que las actividades turísticas no solo son placenteras, sino también sostenibles.

⊃ **Conexión con la comunidad local.** Un aspecto crucial de los centros de información es su conexión con la comunidad local. A menudo, estos centros trabajan junto con comunidades indígenas o locales para garantizar que las prácticas culturales y conocimientos tradicionales sean respetados y preservados. Las comunidades locales pueden beneficiarse directamente de los ingresos generados por el ecoturismo, por ejemplo, a través de la venta de artesanías, productos locales o servicios. Los centros de información suelen organizar eventos que permiten a los ecoturistas interactuar directamente con las personas que viven en las cercanías de las áreas protegidas, aprendiendo de sus estilos de vida y tradiciones. Esta interacción no solo enriquece la experiencia del visitante, sino que también fortalece la economía local, criando un ciclo de beneficio mutuo.

⊃ **Tecnología y centros de información.** En el mundo moderno, la tecnología juega un papel vital. Los centros de información han integrado tecnología avanzada para mejorar la experiencia del visitante. Por ejemplo, las aplicaciones móviles y la realidad aumentada pueden proporcionar recorridos virtuales que eduquen a los turistas sobre la biodiversidad rica y compleja sin necesidad de su intervención directa en áreas sensibles. Estos avances permiten que los ecoturistas se involucren con el entorno de una manera que minimiza su impacto ecológico. Además, las plataformas en línea gestionadas por los centros de información pueden servir como plataformas educativas, ofreciendo a los turistas acceso a información antes de su llegada al destino, lo que les permite planificar sus visitas de manera más consciente y prepararse para los entornos únicos que están a punto de experimentar.

⊃ **Educación continua.** Los centros de información no solo concentran sus esfuerzos formativos en los visitantes, sino también en la propia comunidad local y empleados. La educación continua es vital para fortalecer sus capacidades, mejorar sus comunicaciones y brindar a los turistas la mejor experiencia posible. Esto podría incluir instalaciones para capacitaciones periódicas en temas como manejo de desechos, técnicas de atención al cliente y conservación. Asimismo, los centros de información pueden ser cruciales en la investigación sobre ecoturismo. Al recolectar datos sobre patrones de visita, impactos en los ecosistemas y experiencias de los turistas, pueden ofrecer información valiosa a investigadores y formuladores de políticas para optimizar las prácticas de ecoturismo.

⊃ **Desafíos actuales.** A pesar de sus beneficios, los centros de información enfrentan desafíos significativos. La gestión y la financiación siguen siendo un tema recurrente, ya que muchos dependen mucho del apoyo gubernamental o de organizaciones sin fines de lucro. Además, con el aumento del turismo en áreas naturales, la presión sobre estos centros ha aumentado, exigiendo recursos y personal adicionales para manejar el volumen creciente de visitantes. Otro desafío crítico es la integración cultural mientras se mantiene la autenticidad local. Este reto implica asegurar que la información compartida sea precisa y respete las tradiciones locales, lo cual puede ser complicado cuando se trata de culturas muy diversas o particulares.

🔵 **Ejemplos exitosos.** A nivel mundial, hay múltiples ejemplos de centros de información que han alcanzado un impacto positivo. En Costa Rica, el centro de información del Parque Nacional Manuel Antonio ofrece presentaciones multimediales que demuestran cómo las prácticas turísticas responsables contribuyen a la conservación del bosque tropical. En Australia, el Centro de Cultura del Parque Nacional Uluru-Kata Tjuta trabaja estrechamente con la comunidad aborigen para proporcionar una perspectiva auténtica del patrimonio cultural mientras promueve la conservación de la tierra. Estos ejemplos son inspiradores y muestran cómo integrar la educación, conservación y sostenibilidad para lograr el éxito en iniciativas de ecoturismo.

Los centros de información son piezas fundamentales dentro de la infraestructura del ecoturismo, imprescindibles para garantizar que las experiencias turísticas sean educativas, sostenibles y culturalmente significativas. Su papel en la educación ambiental, apoyo a la comunidad local y conservación de recursos naturales es crucial para el éxito a largo plazo del ecoturismo. Al continuar desarrollando y mejorando estos centros, se fomenta un turismo más consciente y respetuoso, allanando el camino para un mayor equilibrio entre el disfrute humano de la naturaleza y su conservación.

6. Resumen

El ecoturismo se ha consolidado como una modalidad transformadora dentro de la industria turística, ya que no solo busca el disfrute de la naturaleza, sino que también promueve la conservación ambiental y el empoderamiento de las comunidades locales. Esta forma de turismo es una alternativa sostenible frente al modelo convencional, que a menudo genera impactos negativos sobre los ecosistemas y las culturas locales. El ecoturismo, por el contrario, fomenta una interacción respetuosa y consciente con el entorno, priorizando la sostenibilidad y la responsabilidad social.

Las principales características del ecoturismo son:

Características	Descripción
Sostenibilidad	Minimiza el impacto ambiental, impulsando prácticas que respeten los ecosistemas.
Educación ambiental	Educa a los visitantes sobre la importancia de conservar la biodiversidad.
Desarrollo social y económico	Contribuye a mejorar las condiciones de vida de las comunidades locales.
Colaboración	Implica a operadores turísticos, comunidades locales y organizaciones de conservación.

El impacto del ecoturismo puede verse reflejado en:

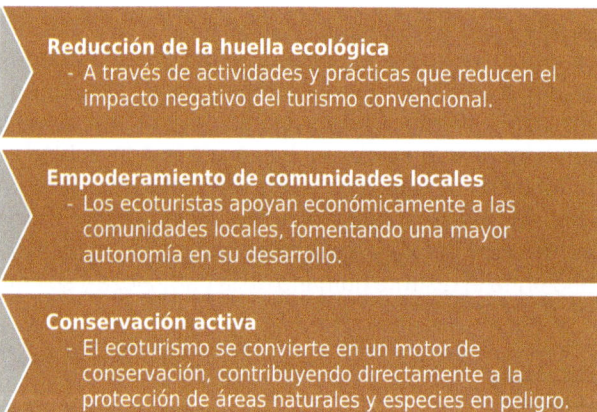

Reducción de la huella ecológica
- A través de actividades y prácticas que reducen el impacto negativo del turismo convencional.

Empoderamiento de comunidades locales
- Los ecoturistas apoyan económicamente a las comunidades locales, fomentando una mayor autonomía en su desarrollo.

Conservación activa
- El ecoturismo se convierte en un motor de conservación, contribuyendo directamente a la protección de áreas naturales y especies en peligro.

El ecoturismo se desarrolla principalmente en **espacios naturales protegidos** debido a su alto valor ecológico. Estos incluyen:

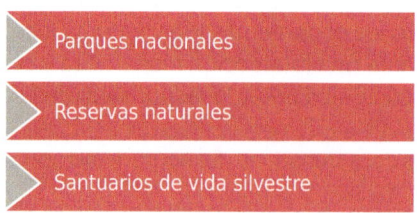

Parques nacionales

Reservas naturales

Santuarios de vida silvestre

Algunas de las características de estas áreas son las siguientes:

Refugios para especies
- Ayudan a la protección de especies en peligro de extinción.

Educación ambiental
- Son lugares clave para sensibilizar a los turistas sobre la necesidad de preservar los ecosistemas.

Investigación científica
- Facilitan estudios y proyectos de conservación para garantizar un futuro sostenible.

Las actividades que se ofrecen en los destinos ecoturísticos están cuidadosamente diseñadas para lograr un equilibrio entre la satisfacción del turista y la protección del medioambiente. Además de las actividades recreativas, estas experiencias buscan educar y sensibilizar a los visitantes sobre la importancia de la conservación y la sostenibilidad.

Algunos ejemplos de actividades son:

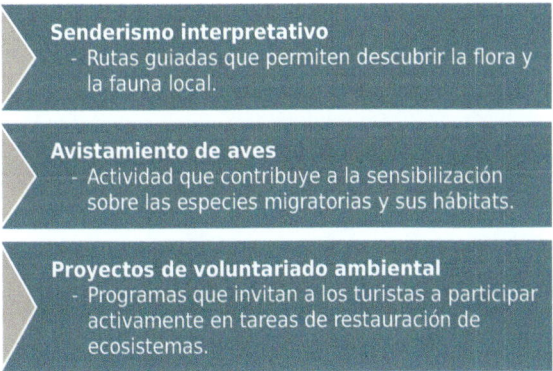

Senderismo interpretativo
- Rutas guiadas que permiten descubrir la flora y la fauna local.

Avistamiento de aves
- Actividad que contribuye a la sensibilización sobre las especies migratorias y sus hábitats.

Proyectos de voluntariado ambiental
- Programas que invitan a los turistas a participar activamente en tareas de restauración de ecosistemas.

Estas actividades permiten que los ecoturistas se conecten de manera profunda y respetuosa con la naturaleza, promoviendo un turismo educativo y transformador.

La infraestructura y los servicios ecoamigables son elementos clave para que el ecoturismo sea verdaderamente sostenible. Esto incluye:

Alojamientos responsables	- Hoteles y *lodges* que emplean energías renovables, reciclaje y materiales sostenibles en sus construcciones.
Transporte verde	- Utilización de vehículos eléctricos, bicicletas y transporte colectivo para reducir la huella de carbono de los turistas.
Certificaciones de sostenibilidad	- Sellos y certificaciones como *Biosphere Responsible Tourism* o *Green Key* garantizan que las operaciones turísticas cumplan con estándares internacionales.

El ecoturismo tiene un impacto transformador tanto en la industria turística como en las comunidades locales y el medioambiente. Este modelo de turismo no solo cambia la manera en que exploramos el mundo, sino también cómo nos relacionamos con el planeta.

Transformación de la industria turística
- Hace que el turismo sea más ético, responsable y resiliente.

Preservación del patrimonio natural y cultural
- Fomenta un equilibrio entre las necesidades humanas y la conservación del entorno.

Beneficios económicos
- Genera ingresos para las comunidades locales y reduce la dependencia de industrias contaminantes.

Algunos de los desafíos más importantes del ecoturismo son:

Falta de recursos	Educación y sensibilización
- La implementación de prácticas sostenibles puede requerir inversiones significativas, especialmente en áreas remotas.	- Es necesario fomentar la conciencia entre turistas y operadores turísticos para que se adopten prácticas responsables.

Algunos de los objetivos principales del ecoturismo son:

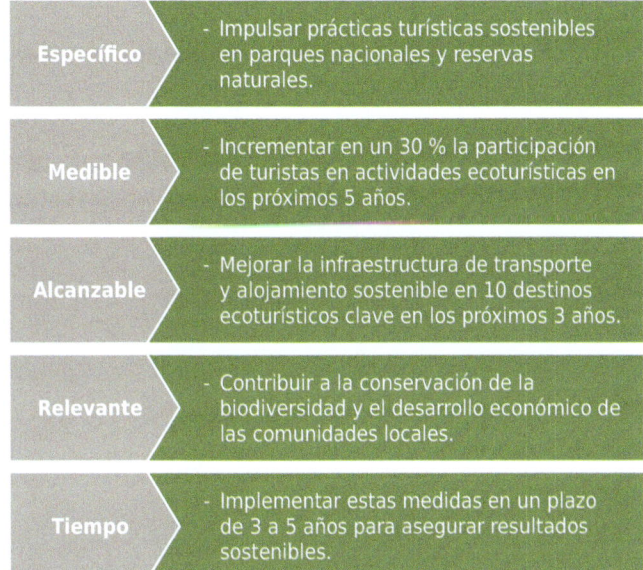

El ecoturismo se presenta como una solución integral para enfrentar los desafíos ambientales y sociales de la actualidad. No solo transforma la forma en que viajamos, sino también cómo nos relacionamos con la naturaleza. Promueve una conservación activa, el desarrollo económico local y la educación ambiental, asegurando que las futuras generaciones puedan disfrutar de la riqueza natural y cultural de nuestro planeta.

Este enfoque sostenible y responsable, guiado por principios claros de ética, colaboración y compromiso, tiene el poder de crear un futuro más justo, equilibrado y resiliente para todos.

Ejercicios de autoevaluación
Unidad de Aprendizaje 1

1. ¿Cuál es el principio fundamental del ecoturismo?

    a. Generar ingresos para empresas internacionales.
    b. Conservar recursos naturales y culturales.
    c. Aumentar el flujo de turistas sin restricciones.
    d. Promover únicamente actividades de aventura.

2. ¿Qué elemento asegura que el ecoturismo beneficie a las comunidades locales?

    a. Exclusividad en la promoción de grandes hoteles
    b. Construcción de infraestructura sin consulta local
    c. Generación de empleos y fortalecimiento de empresas locales
    d. Prohibición de actividades comunitarias en el turismo

3. Indica si la siguiente oración es verdadera o falsa: "El ecoturismo fomenta la educación ambiental impartiendo talleres y actividades educativas a turistas y comunidades locales".

    ■ Verdadero
    ■ Falso

4. ¿Qué hacen los científicos e investigadores en relación con el ecoturismo?

    a. Fomentan el turismo en áreas protegidas sin considerar el impacto.
    b. Proporcionan datos que ayudan a desarrollar prácticas de conservación efectivas.
    c. Ayudan a crear *marketing* para los paquetes turísticos.
    d. Gestionan empresas turísticas en destinos ecoturísticos.

5. ¿Qué principios promovió la Conferencia Mundial de Turismo Sostenible en 1995?

    a. Un enfoque exclusivamente económico para el turismo

    b. El desarrollo de parques nacionales sin la participación de las comunidades locales

    c. Un turismo que conserve los ambientes naturales y el patrimonio cultural mientras beneficia a las comunidades locales

    d. El uso de turismo de masas para fomentar el crecimiento económico

6. Las tecnologías aplicadas al ecoturismo incluyen, entre otras, aplicaciones móviles para enriquecer la experiencia de los turistas. ¿Cuál de las siguientes funciones NO se menciona como parte del uso de estas tecnologías?

    a. Proveer información en tiempo real sobre las áreas visitadas.

    b. Monitorear la vida silvestre y la salud del ecosistema.

    c. Proporcionar servicios de pago en línea para reservas.

    d. Aumentar el número de turistas a través de descuentos *online*.

7. ¿Qué certificado en ecoturismo se centra principalmente en la conservación de la biodiversidad y apoya a las comunidades locales en áreas con rica biodiversidad, en Latinoamérica y África?

    a. *Rainforest Alliance Certified*

    b. *International Green Plus*

    c. *Green Certificated*

    d. *Rainforest Certificated*

8. El avistamiento de delfines rosados en el Amazonas es un ejemplo de:

    a. Senderismo y caminatas guiadas

    b. Avistamiento de vida silvestre

    c. Excursionismo en montañas

    d. Observación de estrellas

9. En un destino ecoturístico de difícil acceso, ¿qué tipo de ajuste logístico debería hacerse para que las actividades no interfieran con el entorno natural?

    a. Reducir el tiempo de permanencia en el destino.
    b. Implementar un sistema de reservas y regulación del número de turistas.
    c. Permitir el acceso ilimitado a los turistas para aumentar los ingresos.
    d. Usar medios de transporte más rápidos para reducir la duración del viaje.

10. Completa los espacios en blanco con las palabras adecuadas para formar ideas completas:

    a. Las actividades como talleres de _____, preparación de _____ tradicionales y observación de _____ permiten una inmersión cultural profunda, favoreciendo el entendimiento de la vida _____.

Aspectos económicos y el ecoturismo como herramienta de conservación

Contenido

Objetivos

El objetivo general de esta Unidad de Aprendizaje es:

→ Comprender los fundamentos básicos de la conservación del medio natural a través del ecoturismo, las técnicas para su planificación y los aspectos económicos sobre proyectos de ecoturismo.

Los objetivos específicos de esta Unidad de aprendizaje son:

→ Desarrollar conocimientos sobre la protección de los recursos naturales y sus pilares fundamentales.

→ Fortalecer la comprensión de los aspectos económicos asociados al ecoturismo.

→ Promover la aplicación del ecoturismo como herramienta de conservación ambiental.

→ Fomentar habilidades en planificación turística para el desarrollo de proyectos ecoturísticos sostenibles.

→ Impulsar la educación ambiental como eje central del ecoturismo.

→ Integrar enfoques de conservación y desarrollo económico en proyectos turísticos.

→ Elaborar un análisis de mercado que aporte las herramientas y métodos adecuados para llevar a cabo un análisis exhaustivo que apoye la toma de decisiones informadas en la creación de nuevas oportunidades de desarrollo turístico.

1. Introducción

El ecoturismo se ha convertido en una herramienta fundamental para promover la conservación ambiental y el desarrollo económico sostenible. Su objetivo principal es integrar las actividades turísticas en la protección de los recursos naturales, generando beneficios económicos que apoyen tanto a las comunidades locales como a los esfuerzos de conservación. Este enfoque permite que el turismo no solo sea una fuente de ingresos, sino también una actividad que contribuye al mantenimiento y restauración de los ecosistemas.

En términos económicos, el ecoturismo impulsa la economía local al generar empleo en sectores como la guía turística, el alojamiento sostenible y la producción de artesanías y alimentos locales. Además, fomenta la diversificación de las fuentes de ingresos en comunidades rurales, reduciendo la dependencia de actividades que podrían ser perjudiciales para el medioambiente, como la tala indiscriminada o la caza furtiva. La comercialización de proyectos ecoturísticos, apoyada por estrategias de *marketing,* posiciona a estos destinos en mercados internacionales, atrayendo a visitantes interesados en experiencias responsables y de bajo impacto ambiental.

Desde el punto de vista de la conservación, el ecoturismo canaliza recursos hacia la protección y el manejo sostenible de áreas naturales, apoyando la creación y el mantenimiento de parques nacionales y reservas. También sensibiliza tanto a turistas como a las comunidades anfitrionas sobre la importancia de preservar la biodiversidad, fomentando un cambio cultural hacia prácticas más sostenibles. Por ejemplo, las ganancias generadas por el ecoturismo a menudo se reinvierten en proyectos de reforestación, monitoreo de especies y restauración de hábitats.

No obstante, el éxito del ecoturismo como herramienta de conservación y desarrollo depende de una planificación estratégica adecuada. Esto implica diseñar actividades que minimicen los impactos negativos, equilibrando las necesidades económicas con los objetivos ambientales. La implementación de políticas de sostenibilidad, una sólida educación ambiental y la participación activa de las comunidades locales son fundamentales para garantizar que el ecoturismo logre sus metas a largo plazo, proporcionando beneficios tanto para las personas como para el planeta.

En este marco, *Ecolodge Green Park,* en Castilla-La Mancha, se consolida como un ejemplo destacado. Este alojamiento ecológico combina la comodidad con el respeto al medioambiente, promoviendo la conexión del visitante con la naturaleza. Su diseño sostenible y su compromiso con la economía local reflejan cómo el ecoturismo puede equilibrar la experiencia turística con la preservación del patrimonio natural y cultural.

2. Protección de los recursos naturales

☞ HILO CONDUCTOR

La protección de los recursos naturales es esencial para garantizar la sostenibilidad de los ecosistemas, y el *Ecolodge Green Park* es un ejemplo destacado de cómo el ecoturismo puede contribuir a esta causa. Ubicado en Castilla-La Mancha, este alojamiento sigue prácticas sostenibles, como el uso de energías renovables y materiales ecológicos. Además, fomenta la concienciación sobre la importancia de preservar la biodiversidad local a través de actividades educativas. Con su enfoque en la sostenibilidad y la conservación, *Ecolodge Green Park* se posiciona como un referente de turismo responsable, demostrando que el ecoturismo puede ser una herramienta eficaz para la protección de los recursos naturales.

La protección de los recursos naturales es un tema de creciente relevancia en el contexto del ecoturismo y la preservación del medioambiente. En un mundo donde las consecuencias del cambio climático y la degradación del ecosistema son cada vez más evidentes, la necesidad de proteger nuestros recursos naturales se ha convertido en una prioridad global. Esta protección es vital no solo para garantizar la supervivencia de numerosas especies y preservar la biodiversidad, sino también para asegurar que las futuras generaciones puedan disfrutar de los mismos beneficios que nosotros obtenemos de la naturaleza hoy en día.

Consideremos el caso de un parque nacional que alberga una rica diversidad de flora y fauna. Este parque proporciona un hábitat seguro para especies que podrían estar al borde de la extinción y actúa como un sumidero de carbono, ayudando a mitigar los efectos del cambio climático. Además, ofrece oportunidades recreativas y educativas para los visitantes, fomentando un sentido de conexión y responsabilidad hacia el entorno natural. Sin embargo, sin medidas adecuadas de protección, este parque estaría en riesgo de sufrir daños irreversibles debido a la deforestación, la contaminación y la explotación excesiva de sus recursos.

La importancia de proteger los recursos naturales radica en nuestro deber moral, social y económico de preservar el entorno en el que vivimos. Cada ecosistema sano contribuye de forma única a la estabilidad del planeta, ofreciendo servicios esenciales como la regulación del clima, la purificación del agua y el mantenimiento del ciclo de nutrientes.

 **EJEMPLO**

Los impactos devastadores de la pérdida de humedales en una región costera; estos ecosistemas no solo filtran contaminantes y protegen contra inundaciones, sino que también sostienen las vidas de innumerables especies que dependen de ellos.

A través de una combinación de educación, legislación y tecnología, podemos desarrollar estrategias efectivas para proteger nuestros recursos naturales. La educación ambiental juega un papel crucial al fomentar la conciencia y el conocimiento sobre la importancia de la conservación, empoderando a las personas para que participen activamente en la protección del medioambiente. Integrar esta conciencia en todos los niveles de la sociedad es fundamental, desde las comunidades locales hasta las políticas gubernamentales.

Además, las campañas de sensibilización y los programas de conservación abordan la protección de los recursos naturales de manera tangible. Estas iniciativas buscan tanto la participación de la comunidad como la implementación de políticas sostenibles que aseguren el uso y la gestión racional de los recursos. La participación comunitaria, por ejemplo, es clave para el éxito de cualquier proyecto de conservación. Cuando las comunidades locales se involucran y se les otorga un sentido de propiedad sobre los recursos que las rodean, se fortalece la vigilancia y el compromiso hacia su preservación.

La tecnología también ofrece herramientas poderosas para el monitoreo y la evaluación de los recursos naturales. Desde el uso de imágenes satelitales para rastrear cambios en el paisaje, hasta la implementación de sensores de calidad del agua, la innovación tecnológica puede mejorar significativamente nuestra capacidad para gestionar sosteniblemente el medioambiente. Es crucial, no obstante, asegurar que estas tecnologías se utilicen de manera ética y responsable, respetando tanto la biodiversidad como los derechos de las comunidades locales.

 IMPORTANTE

La protección de los recursos naturales es fundamental para mantener el equilibrio ecológico y asegurar un futuro sostenible para todos los seres vivos. Esta misión requiere la colaboración de individuos, organizaciones e instituciones a nivel local y global. Solo a través de un esfuerzo conjunto podemos esperar preservar los recursos naturales de los que todos dependemos, creando un mundo en el que la naturaleza y la humanidad coexistan en armonía.

Las prácticas de conservación son esenciales para mantener la biodiversidad y garantizar la sostenibilidad de nuestros recursos naturales a largo plazo.

2.1. Protección ambiental y educación

La protección ambiental y la educación están profundamente entrelazadas, pues ambas constituyen pilares fundamentales para garantizar un futuro sostenible. En un mundo donde los recursos naturales enfrentan crecientes presiones y los efectos del cambio climático se vuelven más evidentes, la educación emerge como una herramienta clave para fomentar la conciencia y la acción. No se trata solo de aprender sobre problemas ambientales, sino de desarrollar una cultura de respeto y responsabilidad hacia el entorno. Así, el conocimiento y la formación se convierten en motores para transformar las actitudes individuales y colectivas, impulsando soluciones innovadoras que aseguren la preservación del planeta para las generaciones venideras.

La protección ambiental y la educación ambiental son aliados esenciales para construir un futuro sostenible, fomentando una cultura de respeto, responsabilidad y acción frente a los desafíos que enfrenta nuestro planeta:

Protección ambiental
- Es una prioridad global que requiere de la colaboración activa de todos los sectores de la sociedad. El ecoturismo se presenta como una herramienta clave para promover prácticas sostenibles y conservar los recursos naturales. Sin embargo, para que el ecoturismo sea verdaderamente eficaz en estos objetivos, es esencial contar con una estrategia educativa que fomente la conciencia y el compromiso con el medioambiente.

Educación ambiental
- La educación ambiental es el proceso continuo por el cual las personas adquieren conciencia sobre el entorno y desarrollan el conocimiento, los valores, las habilidades y el compromiso necesarios para actuar de manera sostenible. Es un componente crucial de la protección ambiental, ya que informa a los individuos sobre las funciones del ecosistema, los problemas medioambientales y las soluciones posibles para mitigar daños.

NOTA

La educación ambiental no solo sensibiliza sobre los problemas existentes, sino que también inspira soluciones innovadoras, alentando a la adopción de tecnologías limpias, la reducción de la huella ecológica y el respeto por las culturas locales. La colaboración entre gobiernos, organizaciones internacionales, empresas y la sociedad civil es esencial para integrar estos valores en todos los niveles. Asimismo, es vital invertir en la formación continua y la actualización de conocimientos para enfrentar los retos cambiantes que presenta el deterioro ambiental.

Existen distintas modalidades para aplicar la educación ambiental en el contexto del ecoturismo, desde experiencias directas y tangibles hasta programas educativos formales e informales. Ejemplos breves de su aplicación incluyen talleres en sitio, guías interpretativas, programas escolares de visita a reservas naturales, y la inclusión de contenido ambiental en currículos académicos.

El papel del ecoturismo en la educación ambiental

El ecoturismo, al combinar actividades recreativas con un enfoque de conservación y sostenibilidad, ofrece oportunidades únicas para amplificar la educación ambiental. Permite a los participantes aprender directamente del entorno, observando y comprendiendo las relaciones dentro del ecosistema, sus fragilidades y la importancia de su conservación.

Algunas **modalidades** son:

Experiencias prácticas	- Los turistas que visitan espacios naturales protegidos pueden participar en actividades como *trekking*, observación de fauna o voluntariado, mientras reciben educación sobre la biodiversidad local y los esfuerzos de conservación en marcha.
Talleres informativos	- En muchos destinos ecoturísticos, es común que se organicen talleres y charlas que aborden temas sobre la sostenibilidad, incentivando a los turistas a adoptar conductas más amigables con el ambiente; por ejemplo, la reducción de residuos plásticos durante y después de su visita.
Capacitación de guías locales	- Un enfoque vital es la capacitación de los guías turísticos locales, quienes actúan como mediadores entre el turista y el entorno. Un guía bien entrenado no solo proporciona información y contexto, sino que también inspira a los visitantes a adoptar una postura consciente y respetuosa hacia el medioambiente.

La actividad educativa en un destino ecoturístico está enfocada en promover prácticas sostenibles y la conciencia ambiental entre los visitantes.

Desafíos en la implementación de la educación ambiental en el ecoturismo

A pesar de su potencial, la implementación de programas robustos de educación ambiental en el contexto del ecoturismo enfrenta varios **desafíos:**

- **Accesibilidad y equidad.** No todas las comunidades o destinos tienen los recursos para implementar programas educativos efectivos. A menudo, las áreas rurales donde se realiza ecoturismo carecen de la infraestructura y el personal capacitado necesario.
- **Sostenibilidad de la educación.** La educación ambiental debe ser continua y dinámica para adaptarse a los cambios en los ecosistemas y enfrentar nuevos desafíos ambientales. Se necesita un compromiso a largo plazo por parte de gobiernos, organizaciones y comunidades.
- **Implicación de las comunidades locales.** Para que la educación ambiental sea eficaz, es fundamental que las comunidades locales estén integradas en el proceso educativo, reconociéndolas como guardianes del conocimiento local sobre el entorno y agentes activos de cambio.
- **Medición del impacto.** Evaluar el impacto efectivo de los programas de educación ambiental en el cambio de comportamiento de los turistas y comunidades sigue siendo complejo. Es vital desarrollar metodologías claras para medir estos efectos a corto y largo plazo.

Estrategias para mejorar la educación ambiental en ecoturismo

Superar desafíos en educación ambiental implica el desarrollo de estrategias que integren diversos **actores y enfoques:**

Promover asociaciones multisectoriales
- Crear alianzas entre gobiernos, ONG, sector privado y comunidades locales para compartir recursos y conocimientos, potenciando el alcance y efectividad de los programas educativos.

Innovación en metodologías educativas
- El uso de tecnología, como aplicaciones móviles y realidad aumentada, puede facilitar el acceso a información ambiental interactiva, adaptada a diferentes públicos y contextos.

Fortalecimiento de políticas y legislación
- Desarrollar normativas que aseguren la integración de la educación ambiental en todos los niveles de la educación formal y no formal, priorizando la actualización continuada de guías y currículos.

Fomentar la investigación
- Invertir en investigaciones que exploren nuevas áreas de la educación ambiental, como la psicología del comportamiento o el papel de las emociones en la percepción ambiental, contribuyendo a programas más personalizados y relevantes.

La educación ambiental es clave para preservar los recursos naturales y fomentar una convivencia equilibrada y respetuosa entre las personas y su entorno. A través de la sensibilización y el conocimiento, esta forma de educación promueve la comprensión de los desafíos ambientales actuales, como el cambio climático, la pérdida de biodiversidad y la contaminación. Además, inspira la adopción de prácticas sostenibles tanto a nivel individual como colectivo, convirtiéndose en un pilar para el desarrollo de sociedades más conscientes y comprometidas con la protección del planeta. Solo mediante una educación que destaque la interdependencia entre los seres humanos y la naturaleza podremos construir un futuro en el que el progreso humano vaya de la mano con la conservación ambiental.

Este enfoque adquiere una relevancia particular en el ámbito del ecoturismo, donde el aprendizaje práctico y la concienciación no solo enriquecen la experiencia de los visitantes, sino que también tienen el poder de transformar la forma en que estos interactúan con los ecosistemas y las comunidades locales. Mediante programas educativos bien estructurados, diseñados para fomentar la comprensión de la biodiversidad y los desafíos ambientales, es posible empoderar tanto a los turistas como a las comunidades anfitrionas. Esto facilita el desarrollo de prácticas responsables que aseguren un equilibrio sostenible entre la conservación ambiental y las necesidades económicas y sociales de las personas.

NOTA

A través de esta sinergia, se puede construir una cultura global de respeto por el medioambiente que permita avanzar hacia un modelo de desarrollo sostenible. De esta forma, las generaciones futuras no solo podrán disfrutar de los recursos naturales y los paisajes únicos que ofrece el planeta, sino también contribuir a su preservación, garantizando la viabilidad y el equilibrio de la Tierra como nuestro hogar compartido.

Campañas de sensibilización

El crecimiento del ecoturismo ha contribuido significativamente a la conciencia pública sobre la importancia de preservar los entornos naturales y culturales. Sin embargo, a medida que aumenta el número de turistas que visitan áreas ecológicamente sensibles, la necesidad de introducir campañas efectivas de sensibilización se hace cada vez más urgente. Estas campañas actúan como un puente entre la teoría de la protección ambiental y su aplicación práctica en el ámbito turístico, ayudando a que tanto turistas como operadores locales comprendan y asuman la responsabilidad compartida de preservar los recursos naturales.

Las campañas de sensibilización son estrategias de comunicación que buscan informar y educar al público sobre ciertos asuntos sociales; en este caso, la protección de recursos naturales dentro del contexto del ecoturismo.

IMPORTANTE

La finalidad principal de estas campañas es cambiar actitudes y comportamientos, promoviendo un turismo responsable que minimice los impactos negativos sobre el entorno natural y maximice los beneficios culturales y ecológicos.

Ejemplos comunes de campañas de sensibilización incluyen la promoción de prácticas de "dejar solo huellas" en parques naturales, la importancia del reciclaje durante los viajes, o la contratación de guías turísticos locales que respalden prácticas sostenibles. Estas campañas pueden adoptar formas diversas, desde anuncios visuales en los puntos de entrada a un parque hasta talleres y seminarios organizados para turistas y comunidades locales.

Conozcamos los **elementos clave** de las campañas efectivas:

- **Conocimiento del público objetivo.** La segmentación del público es crucial para que las campañas de sensibilización alcancen su máximo potencial. No solo es necesario entender quiénes son los turistas que visitan las áreas protegidas, sino también qué saben sobre la conservación, qué actitudes tienen hacia el medioambiente, y qué tipo de mensajes resonarán con ellos.
- **Mensajes claros y concisos.** Los mensajes clave de una campaña deben ser claros, convincentes y fácilmente comprensibles. Estos mensajes deben inspirar a los turistas a desempeñar un papel activo en la protección de los recursos naturales, como el respeto por las señales de los senderos o la conservación del agua.
- **Uso de múltiples canales de comunicación.** Una campaña eficaz utiliza varios canales de comunicación, como redes sociales, carteles, guías impresas, aplicaciones móviles y personal del sitio bien informado para alcanzar a su audiencia objetivo. Por ejemplo, publicaciones atractivas en Instagram pueden atraer a un público más joven, mientras que los folletos informativos en puntos clave de contacto pueden ser más efectivos para otros grupos demográficos.
- **Colaboración con comunidades locales.** Las comunidades locales son aliadas naturales en las campañas de sensibilización. Trabajar con ellas no solo garantiza que la campaña tenga un impacto mayor, sino que también empodera a las comunidades para que se conviertan en protectoras activas de sus entornos.
- **Monitoreo y evaluación.** Evaluar la efectividad de una campaña es crucial para entender su impacto y mejorar futuras iniciativas. Las evaluacio-

nes poscampaña pueden incluir encuestas a turistas sobre sus conocimientos antes y después de la campaña, así como observar cambios en las conductas durante visitas posteriores al área.

 **EJEMPLO**

Uno de los ejemplos emblemáticos de una campaña de sensibilización bien ejecutada es la iniciativa *Leave no trace* (no deje rastros) en los Estados Unidos. Esta campaña busca instruir a los visitantes de parques nacionales y áreas protegidas sobre cómo minimizar su impacto en el entorno. A través de talleres, información en pantallas digitales y comunicados en medios sociales, esta campaña ha logrado integrar prácticas sostenibles en las experiencias de los turistas.

Por su parte, en Australia, la campaña *Respect the reef* fue desarrollada para la Gran Barrera de Coral, con el objetivo de educar a los turistas sobre el impacto de sus acciones en el delicado ecosistema marino. Mediante folletos, vídeos instructivos en ferris y charlas educativas realizadas por guías locales, el mensaje sobre las prácticas responsables de *snorkeling* y buceo ha generado un mayor compromiso con la conservación.

 PARA SABER MÁS

Puedes ampliar información en el siguiente enlace, sobre campañas para facilitar al ciudadano el acceso a la información, que el Ministerio para la Transición Ecológica y el Reto Demográfico pone a su disposición. Accede desde aquí:

https://redirectoronline.com/hotu00020201

✖ APLICACIÓN PRÁCTICA

Marisa es la encargada de diseñar una campaña de sensibilización para turistas que visitan un área protegida. Ella sabe que es fundamental usar estrategias efectivas para maximizar el impacto. Después de analizar a los visitantes y sus comportamientos, Marisa debe decidir cuál de los siguientes aspectos es crucial para el éxito de su campaña. De las siguientes opciones, ¿cuál es más crucial para que Marisa impulse su campaña?

- **Conocer al público objetivo. Entender quiénes son los turistas, sus actitudes hacia el medioambiente, y qué mensajes resuenan mejor con ellos.**
- **Usar un solo canal de comunicación. Diseñar un mensaje general de concienciación ambiental que funcione para todos los visitantes, independientemente de sus intereses o conocimientos previos.**
- **Limitar la participación comunitaria. Utilizar solo la opinión de líderes comunitarios para reducir la complejidad del diseño de la campaña y enfocarse en la logística.**
- **Incorporar múltiples canales de comunicación y participación activa. Es fundamental usar una variedad de canales para llegar al público objetivo, como redes sociales, eventos locales y materiales educativos, y promover la participación activa de la comunidad local en el diseño y ejecución de la campaña.**

Solución

Conocer al público objetivo es una de las claves más importantes para garantizar el éxito de una campaña de sensibilización. La segmentación permite personalizar los mensajes según los intereses, conocimientos y actitudes de los turistas hacia la conservación ambiental. Esto incrementa la probabilidad de que los mensajes no solo lleguen a su audiencia, sino que generen un impacto significativo y promuevan acciones concretas. Además de identificar quiénes son los turistas, es importante comprender sus motivaciones y comportamientos. Este enfoque no solo mejora la efectividad de la comunicación, sino que también asegura que las iniciativas sean culturalmente apropiadas y respetuosas con las características únicas del entorno que se desea proteger.

A pesar del éxito de algunas campañas de sensibilización, todavía existen numerosos desafíos en su implementación. Algunos de los **desafíos** más importantes a la hora de implementar una campaña pueden ser:

Diversidad cultural y lingüística
- En muchas regiones, la diversidad lingüística y cultural representa un obstáculo significativo. Los mensajes de conservación deben ser traducidos de manera efectiva a múltiples idiomas y adaptarse a diferentes contextos culturales para ser comprendidos y aceptados.

Resistencias locales
- A veces, las comunidades locales pueden mostrar resistencia hacia las campañas promocionadas por entidades externas, especialmente si consideran que tanto turistas como las mismas campañas pueden impactar de forma negativa su modo de vida. En estas situaciones, el involucramiento temprano de las comunidades en la planificación de la campaña puede ayudar a superar estas barreras.

Limitaciones de recursos
- Las restricciones presupuestarias frecuentemente limitan la capacidad de las campañas para promover mensajes sostenibles de manera constante y efectiva. La colaboración con organizaciones sin fines de lucro, agencias gubernamentales y el sector privado para recursos y financiamiento puede ayudar a mitigar estos obstáculos.

Con el avance de la tecnología, las campañas de sensibilización están evolucionando para incorporar herramientas más interactivas y dinámicas. Las aplicaciones de realidad aumentada, por ejemplo, ofrecen experiencias inmersivas que pueden educar a los turistas sobre el impacto potencial de sus acciones al conectarlas directamente con sus alrededores.

La creciente importancia de las redes sociales también significa que las campañas pueden amplificar su alcance de manera exponencial mediante contenido viral que resuene con una audiencia global. El contenido generado por los usuarios, donde los turistas comparten sus experiencias de práctica del ecoturismo sostenible, puede actuar como un poderoso multiplicador de mensajes, llegando a millones de personas de manera orgánica.

En conclusión, las campañas de sensibilización son una herramienta esencial en el arsenal del ecoturismo para garantizar que el crecimiento del turismo natural ocurra de manera respetuosa, inclusiva y sostenible. La inclinación hacia campañas personalizadas, colaborativas y tecnológicamente avanzadas promete no solo mejorar la experiencia de los turistas, sino también preservar los preciosos recursos naturales para las generaciones futuras.

 **VÍDEO**

En el siguiente vídeo para ver un ejemplo de una campaña de sensibilización sostenible de un ayuntamiento. Accede desde aquí:

https://redirectoronline.com/hotu00020202

Educación en ecoturismo

La educación vinculada al ecoturismo se erige como un componente esencial para la protección y el uso sostenible de los recursos naturales. Su enfoque principal radica en capacitar y sensibilizar a personas de todas las edades sobre la necesidad de interactuar de forma consciente y respetuosa con los ecosistemas. Más allá de impartir conocimientos sobre el medioambiente, esta educación busca inculcar valores éticos, fomentar actitudes responsables y desarrollar habilidades prácticas que permitan a las comunidades y los visitantes actuar como custodios del entorno natural.

Además, la educación en ecoturismo no solo se limita a transmitir información, sino que también crea una conexión emocional y cultural con la naturaleza, promoviendo el respeto hacia las tradiciones locales y la biodiversidad. Para alcanzar este objetivo, resulta imprescindible implementar programas educativos que incluyan talleres, experiencias prácticas y campañas de concienciación diseñadas tanto para turistas como para las comunidades anfitrionas.

Estos programas pueden abordar temas como la reducción del impacto ambiental, la importancia de la biodiversidad, el uso de recursos renovables y la adopción de prácticas sostenibles en actividades turísticas. De esta forma, la educación en ecoturismo no solo contribuye a la preservación del patrimonio natural y cultural, sino que también garantiza un modelo de turismo que beneficia a las generaciones presentes y futuras.

La educación en ecoturismo se centra en enseñar a las personas a minimizar el impacto ambiental negativo y a aprovechar al máximo las experiencias educativas derivadas de la interacción con la naturaleza.

El contenido educativo en el contexto del ecoturismo debe ser integral y adaptativo, y debe ser diseñado para involucrar activamente a los participantes y asegurar que comprendan las conexiones entre sus acciones personales y el bienestar del entorno natural. Debe incluir:

- **Concienciación ambiental.** Proporcionar conocimientos sobre ecosistemas, biodiversidad y el papel que juega cada especie en su entorno natural. Esta información ayuda a desarrollar una comprensión profunda de cómo nuestras acciones individuales y colectivas afectan al medioambiente.
- **Cultura y tradiciones locales.** Aprendiendo sobre las culturas y tradiciones de las comunidades locales, los visitantes pueden comprender mejor su relación ancestral con la tierra. Esto fomentará el respeto por sus prácticas sostenibles y por las formas en que estas comunidades han convivido con su entorno.
- **Prácticas sostenibles y responsabilidad ambiental.** Incorporar lecciones sobre cómo reducir el impacto ambiental a través de medidas sostenibles, tales como el uso adecuado de recursos, residuos cero y la promoción de prácticas turísticas que no sean intrusivas ni destructivas para los ecosistemas.
- **Habilidades de observación e investigación.** Capacitar a los individuos en la observación respetuosa y científica del entorno natural, ayudándolos a desarrollar habilidades que puedan aplicar para resolver problemas medioambientales en sus comunidades.

Para implementar efectivamente la educación en ecoturismo, es necesario contar con materiales educativos específicos, personal adecuado y un marco organizacional que permita el aprendizaje continuo. Algunos **ejemplos** de cómo esto puede llevarse a la práctica incluyen:

Programas de certificación de guías de ecoturismo	Centros de visitantes y museos naturales
- Capacitación para guías locales en conocimientos sobre fauna, flora y cultura regional, así como habilidades de liderazgo y comunicación para ofrecer experiencias de ecoturismo educativas y seguras.	- Espacios que proporcionan información detallada sobre los ecosistemas, fauna y floras locales, además de una guía sobre cómo explorar las áreas naturales de manera segura y respetuosa.

Talleres comunitarios y rutas educativas
- Actividades diseñadas para integrar a la comunidad local en los procesos educativos del ecoturismo, aportando sus conocimientos tradicionales y participando activamente en la conservación de sus recursos.

Desafíos y oportunidades en la educación de ecoturismo

La implementación de la educación en ecoturismo no está exenta de desafíos. Estos incluyen la falta de recursos financieros y humanos, la resistencia al cambio por parte de algunas comunidades locales, y la necesidad de equilibrar el desarrollo económico con la conservación ambiental. Sin embargo, estas dificultades también presentan oportunidades.

👁 EJEMPLO

- Alianzas estratégicas con instituciones educativas y ONG: estas colaboraciones pueden ayudar a mejorar la calidad y el alcance de los programas educativos en ecoturismo.

Continúa en página siguiente >>

<< Viene de página anterior

- Uso de tecnología digital: la tecnología puede desempeñar un papel crucial, ofreciendo plataformas para acceso a contenidos educativos, capacitación online y recursos virtuales que pueden superar los límites geográficos.
- Estrategias de financiación sostenible: las tasas de inscripción, licencias o la venta de productos locales sostenibles pueden proporcionar ingresos adicionales que se reinviertan en la educación ambiental y el ecoturismo.

Al fortalecer la conexión entre el conocimiento y la acción, la educación en ecoturismo no solo educa, sino que transforma. Fomenta una nueva generación que valora el planeta y se siente responsable de promover y practicar un estilo de vida sostenible, asegurando así que las maravillas naturales del mundo puedan inspirar y sostener a las generaciones venideras.

La educación en ecoturismo, adecuadamente implementada, tiene un inmenso potencial para cambiar actitudes y comportamientos hacia el medioambiente. Proporciona a las personas las herramientas necesarias para convertirse en defensores de la naturaleza, al influir positivamente en su entorno y en la comunidad. Mediante el fortalecimiento de la educación en ecoturismo, se fomenta el desarrollo de un turismo verdaderamente sostenible que beneficia tanto a la biodiversidad como a las culturas locales, asegurando un legado de respeto y conservación para el futuro.

Programas de conservación

Los programas de conservación son iniciativas fundamentales para mantener la biodiversidad y la protección de los recursos naturales, elementos esenciales para el desarrollo del ecoturismo. A través de estos programas, se busca preservar los ecosistemas y especies que no solo tienen un valor intrínseco, sino que también constituyen el atractivo principal para los turistas interesados en el turismo sustentable y respetuoso con el medioambiente.

Los programas de conservación tienen como objetivo principal la preservación y restauración de los hábitats naturales, a fin de mantener la biodiversidad y las funciones ecológicas. Entre sus metas específicas se encuentran la protección de especies amenazadas o en peligro de extinción, la reintroducción de especies nativas a su entorno natural y la restauración de ecosistemas degradados. Estos programas también buscan concienciar a la población local y a los visitantes sobre la importancia de conservar los recursos naturales.

Existen diversos **tipos de programas de conservación,** diseñados para abordar los diferentes desafíos que enfrentan los ecosistemas. Algunos de los más comunes incluyen:

- ⮚ **Áreas naturales protegidas (ANP).** La creación y gestión de reservas naturales es una de las estrategias más efectivas para la conservación. Las ANP ofrecen un refugio seguro para la vida silvestre, protegiendo grandes extensiones de terrenos de la actividad humana nociva. Estos espacios no solo son vitales para la conservación, sino que también sirven como destinos para el ecoturismo.
- ⮚ **Conservación de especies específicas.** Estos programas están orientados a la protección de especies singulares que están en peligro de extinción. Algunos ejemplos incluyen la preservación del panda gigante en China, del cóndor andino en América del Sur o, a nivel nacional, del lince ibérico. Involucran investigación científica, manejo de cría en cautiverio y reintroducción al medio natural.
- ⮚ **Restauración de ecosistemas.** Estos programas trabajan para reparar y rehabilitar áreas que han sido degradadas por actividades humanas, como los vertederos, minas o espacios afectados por incendios forestales. Las actividades incluyen reforestación, reintroducción de flora y fauna nativa y recuperación del suelo.
- ⮚ **Conservación de los océanos y zonas costeras.** Dado que el 70 % de nuestro planeta es océano, la gestión de áreas marinas protegidas es clave para preservar la riqueza biológica acuática. Incluye la protección de arrecifes de coral, manglares y lagunas costeras, que son hábitats para innumerables especies marinas.

 IMPORTANTE

La eficiencia de los programas de conservación depende en gran medida de las estrategias implementadas. Algunas de estas estrategias incluyen:

- Planificación y monitoreo: se requiere un plan de acción bien definido que incluya objetivos claros, metodología de implementación y supuestos para medir el éxito. El monitoreo constante es esencial para evaluar el avance y realizar ajustes necesarios.
- Participación comunitaria: la implicación de las comunidades locales es un factor determinante en el éxito de cualquier programa de conservación. Educarlas y proporcionarles los medios para beneficiarse del ecoturismo puede incentivar su colaboración en los esfuerzos de conservación.

Continúa en página siguiente >>

<< Viene de página anterior

- Investigación científica: la base científica es crucial para diseñar acciones informadas y más efectivas. Esto incluye estudios sobre el crecimiento poblacional de especies, interacciones entre especies y análisis del impacto humano en los ecosistemas.
- Políticas y legislación: los marcos legales que respalden las acciones de conservación son esenciales. Las políticas deben estar alineadas con los objetivos de conservación ofreciendo incentivos y estableciendo regulaciones para la protección del medioambiente.

El ecoturismo ofrece una simbiosis perfecta para los programas de conservación, ya que el interés por observar la flora y fauna en su ambiente natural fomenta la creación de prácticas de conservación. Sitios que han desplegado exitosamente programas de conservación no solo presencian un aumento en la biodiversidad y recuperación ecológica, sino que además se convierten en puntos de interés turístico.

👁 EJEMPLO

El Parque Nacional de Garajonay, ubicado en la isla de La Gomera (Islas Canarias), es un ejemplo destacado de cómo gestionar áreas protegidas de manera equilibrada, conjugando turismo sostenible y conservación ambiental. Este espacio, declarado Patrimonio de la Humanidad por la UNESCO, alberga un ecosistema único de laurisilva, un bosque subtropical que actúa como refugio para numerosas especies endémicas. El modelo de gestión en Garajonay prioriza la protección de sus ecosistemas mediante la regulación estricta de actividades turísticas. Se fomenta el uso de rutas señalizadas, visitas guiadas en pequeños grupos y programas educativos diseñados para informar a los visitantes sobre la importancia de este valioso ecosistema. Además, la implicación de la comunidad local es fundamental: los habitantes participan activamente en la promoción del parque y en actividades económicas sostenibles, como la producción artesanal y el turismo rural.

Este enfoque ha permitido a Garajonay convertirse en un ejemplo nacional de cómo el ecoturismo puede generar beneficios económicos, sociales y ambientales, garantizando la preservación de su riqueza natural y cultural para las futuras generaciones.

El cambio climático es otro desafío creciente. Es un factor que modifica equilibrios ecosistémicos, generando condiciones ambientales adversas que dificultan la recuperación de especies y el mantenimiento de su hábitat. Por último, la deforestación y la transformación de los suelos en tierras agrícolas para satisfacer la demanda alimentaria global representan importantes amenazas que obstaculizan el avance de los esfuerzos de conservación.

Por todo ello, los ecoturistas desempeñan un rol fundamental en el sostenimiento de los programas de conservación. Con su visita, demuestran que existe un interés económico sostenible en la preservación de la naturaleza salvaje. Su impacto, sin embargo, debe ser positivo. Ser consciente del entorno, minimizar la huella de carbono personal y respetar las normas diseñadas para proteger las áreas naturales son aspectos cruciales que todo ecoturista debe tener presentes.

Los programas de conservación son pilares esenciales en el mantenimiento del atractivo natural del ecoturismo y la salud de nuestro planeta.

 IMPORTANTE

Frente a los desafíos globales actuales, se hace más urgente la implementación efectiva y sostenible de estos programas para garantizar su perdurabilidad y éxito. El compromiso colectivo hacia la conservación nos permitirá preservar este magnífico planeta para que las generaciones futuras también puedan disfrutar de su belleza y diversidad.

2.2. Pilares de protección de los recursos naturales

En la actual época de creciente conciencia ambiental, la protección de los recursos naturales es un pilar fundamental del desarrollo sostenible.

La protección eficiente de estos recursos no solo asegura que las generaciones futuras puedan disfrutar de las mismas o mejores condiciones de vida que las actuales, sino que también promueve un equilibrio entre las necesidades humanas y la preservación del entorno ecológico. A lo largo del tiempo, se han identificado y establecido ciertos pilares esenciales para guiar las acciones en pro de la conservación y protección activa de nuestros recursos naturales.

Estos **pilares** se constituyen en un marco integral y dinámico, asegurando **medidas sostenibles y estratégicas** para su preservación, y se identifican como:

- **Pilar 1: educación y concienciación ambiental.** La educación es el cimiento de cualquier esfuerzo por proteger los recursos naturales. Un público informado y consciente es fundamental para respaldar políticas de conservación y realizar cambios en el comportamiento diario que contribuyan a la sostenibilidad. La educación ambiental debe comenzar desde una edad temprana, integrándose en los sistemas escolares y extendiéndose a actividades comunitarias y programas educativos para adultos.
  Por ejemplo, campañas efectivas de reciclaje pueden fomentarse mejor si la población comprende el impacto de los residuos plásticos en los océanos. Asimismo, el conocimiento sobre la biodiversidad local y su valor ecológico puede inspirar a las comunidades a participar en iniciativas de conservación.
- **Pilar 2: legislación y política ambiental.** El diseño e implementación de leyes y políticas ambientales robustas son esenciales para proteger los recursos naturales. Los gobiernos deben establecer marcos regulatorios que proporcionen directrices claras sobre el uso y la conservación de los recursos, al tiempo que promuevan prácticas empresariales sostenibles. Un ejemplo significativo de legislación ambiental es la creación de áreas protegidas, como parques nacionales y reservas naturales, donde se prohíbe la actividad humana nociva. Además, las políticas sobre el cambio climático, como las destinadas a reducir las emisiones de gases de efecto invernadero, desempeñan un papel crucial en la protección de la atmósfera terrestre.
- **Pilar 3: gestión de los recursos naturales.** La gestión adecuada de los recursos naturales implica la planificación y uso eficiente de estos para no comprometer su disponibilidad futura. Las prácticas de gestión deben ser adaptativas, considerando las dinámicas de los ecosistemas y el impacto de las actividades humanas. Es necesario trabajar en estrecha colaboración con científicos, comunidades indígenas y locales para desarrollar estrategias que sean sostenibles tanto económica como ecológicamente.

La agroforestería es un claro ejemplo de gestión de recursos naturales que combina el uso de tierras agrícolas con el mantenimiento de bosques, mejorando la biodiversidad y proporcionando beneficios económicos a las comunidades. Asimismo, las prácticas de pesca sostenible aseguran que las poblaciones de peces no se vean agotadas por la sobrepesca.

- **Pilar 4: tecnología e innovación.** Tecnología e innovación son herramientas poderosas en la protección de los recursos naturales. Innovaciones en energías renovables, como la solar y la eólica, han permitido una reducción en el uso de combustibles fósiles, disminuyendo el impacto ambiental. Asimismo, el desarrollo de técnicas avanzadas de conservación del agua y el uso de sensores y drones para monitorear la vida silvestre en tiempo real son ejemplos de cómo la tecnología puede contribuir al cuidado del medioambiente.

Aplicaciones digitales que fomentan el ecoturismo, ofreciendo rutas sostenibles e información sobre biodiversidad local, invitan al público a disfrutar y aprender sobre la conservación de una manera responsable.

- **Pilar 5: inversión económica en conservación.** Proteger los recursos naturales requiere también un compromiso financiero. La inversión en infraestructura adecuada para el tratamiento de residuos, en programas de conservación y restauración de hábitats y en investigación científica son elementos clave. Sin embargo, es importante que estas inversiones no provengan exclusivamente de los gobiernos; empresas privadas y organizaciones no gubernamentales tienen un papel crucial aportando recursos y colaborando en iniciativas de sostenibilidad.

Un ejemplo es el "pago por servicios ambientales", un enfoque que incentiva a las comunidades a conservar sus entornos naturales al remunerarlas por los servicios ecológicos que proporcionan, como la captura de carbono, la regulación del agua y la conservación de la biodiversidad.

- **Pilar 6: participación comunitaria y empoderamiento.** Involucrar y empoderar a las comunidades locales es fundamental para el éxito de cualquier iniciativa de protección de recursos naturales. Las comunidades que dependen directamente de estos recursos generalmente poseen un conocimiento invaluable de los ecosistemas locales y sus dinámicas, por lo que su participación es crucial para el desarrollo de prácticas sostenibles.

Proyectos que involucran a las comunidades en ecoturismo sostenible, brindándoles voz en las decisiones respecto a la gestión local de los recursos, no solo promueven la conservación sino que también mejoran la economía local. El ecoturismo bien gestionado puede proporcionar fuentes significativas de ingresos que apoyen la preservación del entorno natural.

- **Pilar 7: restauración ecológica.** La restauración ecológica es cada vez más reconocida como un pilar esencial en la protección de los recursos naturales. Este proceso implica devolver ecosistemas degradados a un estado saludable, lo que, a su vez, mejora la biodiversidad, la calidad del suelo, y aumenta la resiliencia frente al cambio climático. Estrategias como la reforestación masiva y la rehabilitación de humedales son ejemplos prácticos de restauración que pueden tener un impacto positivo a largo plazo.

Estos proyectos no solo benefician al medioambiente, sino que también suelen fomentar la educación ambiental y la participación comunitaria, en un trabajo conjunto hacia el mismo objetivo.

En conclusión, la protección de los recursos naturales requiere un enfoque integral y un compromiso colectivo. Estos pilares proporcionan el marco necesario para que las naciones y las comunidades puedan trabajar hacia un futuro sostenible, donde utilizamos de manera responsable los recursos que la naturaleza nos ofrece, asegurando su disponibilidad para las generaciones venideras. A través del fortalecimiento de estos pilares, se promueve un equilibrio armónico entre las necesidades humanas y el cuidado del entorno, favoreciendo no solo la preservación del medioambiente sino también la calidad de vida global.

Legislación ambiental

En el contexto del ecoturismo, la legislación ambiental se erige como un pilar fundamental para la protección y conservación de los recursos naturales. Esta regulación es esencial para garantizar que las actividades turísticas se desarrollen de manera sostenible, respetuosa con el ambiente y en sintonía con los principios del desarrollo sustentable. La legislación ambiental comprende un conjunto de normas, regulaciones y políticas destinadas a regular las interacciones humanas con el medioambiente, buscando prevenir su degradación y promover su uso racional.

Los **principios fundamentales de la legislación ambiental** están basados en:

Prevención y precaución	- Estos principios establecen que se deben tomar medidas anticipadas para evitar daños ambientales, incluso en ausencia de evidencia científica completa. Un ejemplo clave es la evaluación de impacto ambiental (EIA), que obliga a los desarrolladores de proyectos turísticos a identificar y mitigar posibles daños antes de proceder.

Continúa en página siguiente >>

<< Viene de página anterior

Responsabilidad integral	- Se refiere a la obligación de las entidades y personas que generan impacto ambiental a ser responsables de remediar y restaurar el entorno afectado. Esto significa que los operadores ecoturísticos deben implementar prácticas de manejo y compensación ambiental.
Participación pública	- La legislación ambiental promueve la participación activa de la sociedad en la toma de decisiones ambientales. Esto incluye la inclusión de comunidades locales en la deliberación sobre proyectos y políticas que los afectan directamente. Proyectos de ecoturismo exitosos a menudo involucran a residentes locales en el diseño y gestión, garantizando que los beneficios sean compartidos de manera equitativa.
Sostenibilidad	- Este principio crucial demanda que las actividades humanas, incluyendo el turismo, se lleven a cabo de manera que no comprometan la capacidad de las futuras generaciones para satisfacer sus necesidades. Esto incluye la protección de la biodiversidad y los recursos naturales, así como la promoción de prácticas de consumo responsables.

El marco de la legislación ambiental varía entre los diferentes países y regiones, reflejando sus necesidades, prioridades ecológicas y culturales específicas. Sin embargo, existen principios y directrices internacionales que han sido adoptados por diversas naciones, y que son esenciales para la armonización de esfuerzos a nivel global

Marco legal internacional

Varias convenciones y tratados internacionales orientan la legislación ambiental hacia la protección y uso sostenible de los recursos naturales. Estos documentos no solo fijan estándares globales, sino que también ofrecen una plataforma para la cooperación internacional. Entre los más destacados se encuentran:

Convenio sobre la Diversidad Biológica (CDB)
- Adoptado en 1992, este tratado tiene el objetivo de conservar la diversidad biológica, promover su uso sostenible y asegurar una distribución justa y equitativa de los beneficios derivados del uso de los recursos genéticos.

Convención Ramsar sobre humedales
- Enfocada en conservar y usar racionalmente los humedales a nivel internacional. Este tratado es vital para el ecoturismo, ya que muchos destinos dependen de los humedales por su biodiversidad y belleza escénica.

Convención Marco de las Naciones Unidas sobre el Cambio Climático (CMNUCC)
- Aunque su principal enfoque es el cambio climático, este tratado influye significativamente en las políticas turísticas al promover la reducción de emisiones de gases de efecto invernadero y la adaptación de prácticas sostenibles.

 **PARA SABER MÁS**

En el siguiente enlace podrás saber en qué consiste la Convención Marco de las Naciones Unidas sobre el Cambio Climático. Accede desde aquí:

https://redirectoronline.com/hotu00020203

Legislación nacional y regional

Las políticas y normativas ambientales, tanto nacionales como regionales, son esenciales para garantizar un desarrollo sostenible del ecoturismo, ya que establecen un marco legal que protege los ecosistemas de impactos negativos. En España, destacan leyes como la **Ley 42/2007, del Patrimonio Natural y de la Biodiversidad,** que regula la conservación de la biodiversidad y promueve el uso sostenible de los recursos naturales. Esta legislación establece la creación y gestión de áreas protegidas como parques nacionales, naturales y reservas de la biosfera, fundamentales para el ecoturismo.

Asimismo, el **Plan Estratégico Estatal del Patrimonio Natural y de la Biodiversidad (2022-2030)** incluye directrices específicas para la promoción de un turismo respetuoso con el medioambiente, buscando involucrar a las comunidades locales y fomentar actividades que minimicen el impacto ecológico. Normas como el **Real Decreto 630/2013,** que regula el Catálogo Español de Especies Exóticas Invasoras, son también relevantes, ya que aseguran la protección de los ecosistemas contra especies que podrían dañarlos.

A nivel regional, comunidades autónomas como Andalucía o Cataluña han implementado sus propias normativas para regular el turismo sostenible en áreas naturales, como la **Ley 2/1989 de Inventario de Espacios Naturales Protegidos de Andalucía.** Estas leyes establecen límites de carga, actividades permitidas y criterios de sostenibilidad en el uso de estas áreas, garantizando la compatibilidad entre conservación y actividades turísticas.

En conjunto, estas regulaciones reflejan el compromiso de España por proteger su patrimonio natural y cultural, mientras fomentan un modelo de turismo sostenible que beneficia tanto a las generaciones actuales como a las futuras.

 **EJEMPLO**

En muchos países existen leyes que regulan la construcción de instalaciones turísticas en zonas costeras, prohibiendo la edificación cercana a las playas para protegerlas contra la erosión y la contaminación. Asimismo, se establecen normativas para el manejo adecuado de residuos sólidos y líquidos, crucial en áreas con afluencia turística elevada, donde el impacto ambiental puede ser significativo.

Las áreas protegidas son esenciales dentro de la legislación ambiental para el ecoturismo, al proporcionar espacios donde la biodiversidad puede florecer sin las presiones del desarrollo humano descontrolado. Estas áreas conectan la legislación ambiental con la práctica turística de manera directa.

IMPORTANTE

No basta con establecer normas; su implementación y cumplimiento son igualmente cruciales. Esto requiere de mecanismos efectivos de vigilancia, sanciones claras para infracciones, y personal capacitado para revisar y evaluar el cumplimiento de las leyes. También es crítico el papel de la tecnología en la supervisión ambiental, donde herramientas como el monitoreo por satélite y sensores remotos están transformando la manera en que se vigilan los activos naturales.

La legislación ambiental es indispensable para asegurar que el ecoturismo funciona como un motor para la conservación y no como una amenaza a los recursos naturales que pretende celebrar y proteger. A través de leyes, regulaciones y la cooperación internacional se puede garantizar que esta forma de turismo contribuya significativamente al desarrollo sostenible, equilibrando la demanda de experiencias únicas con la necesidad de preservar nuestro planeta para las futuras generaciones.

APLICACIÓN PRÁCTICA

Sofía, una ecologista preocupada por la desaparición de humedales en su región debido a la expansión urbana y la contaminación, busca un marco internacional que promueva la conservación y el uso racional de estos ecosistemas vitales para garantizar su protección a largo plazo.

¿Cuál sería la estrategia más efectiva para Sofía para abordar el problema?

Continúa en página siguiente >>

<< Viene de página anterior

Solución

El Convenio de Ramsar es un tratado internacional dedicado a la conservación y el uso racional de los humedales. Es clave para el ecoturismo, ya que estos ecosistemas proporcionan hábitats esenciales para muchas especies y ofrecen paisajes únicos que atraen a ecoturistas de todo el mundo.

Iniciativas comunitarias

El ecoturismo es una actividad que busca encontrar un equilibrio entre el acceso a la naturaleza y la conservación del medioambiente. Para lograr este objetivo, es fundamental no solo considerar leyes y regulaciones, sino también desarrollar y apoyar iniciativas comunitarias que empoderen a las comunidades locales, promuevan la práctica responsable del turismo y protejan de manera efectiva los recursos naturales.

Las comunidades que habitan en zonas ricas en biodiversidad juegan un papel crucial en la protección de los recursos naturales. Estas comunidades, a menudo, han interactuado con estos ecosistemas durante generaciones, desarrollando un conocimiento profundo y prácticas sostenibles que pueden integrarse efectivamente al ecoturismo. Las iniciativas comunitarias son proyectos liderados por estas comunidades, que buscan tanto promover el bienestar social como la conservación ambiental a través de **iniciativas ecoturísticas** como:

⊃ **Formación y capacitación.** Una de las primeras etapas en el desarrollo de iniciativas comunitarias exitosas en ecoturismo es la formación y capacitación de los habitantes locales. La educación ambiental y la capacitación en prácticas de gestión sostenible son esenciales para que las comunidades puedan entender el valor de los recursos naturales no solo desde una perspectiva ecológica, sino también económica. A través de programas de formación, los miembros de la comunidad pueden convertirse en guías turísticos capacitados, educadores ambientales, o administradores de áreas protegidas.
Por ejemplo, en varios países del sudeste asiático, las comunidades han implementado talleres de capacitación que instruyen a los residentes en la gestión de grupos de visitantes, guianza interpretativa y conservación de especies amenazadas. Esto no solo mejora la experiencia de los turistas al hacer sus visitas más educativas, sino que también genera empleo local y fomenta el empoderamiento comunitario.

- **Turismo participativo.** El turismo participativo destaca dentro de las iniciativas comunitarias como un modelo donde los visitantes colaboran activamente en actividades de conservación y desarrollo local. Estas iniciativas son una forma de involucrar a los turistas en labores que beneficien tanto a la comunidad como al entorno natural. Por ejemplo, organizar jornadas de limpieza de playas, reforestación de áreas degradadas, o actividades de monitoreo de la vida silvestre permite a los visitantes contribuir directamente a la restauración y conservación ambiental. A su vez, los turistas obtienen una experiencia más auténtica e inmersiva al involucrarse en las prácticas locales y desarrollan una mayor apreciación por los ecosistemas que visitan.

  Estos proyectos requieren, sin embargo, una organización clara para asegurar que los esfuerzos realizados por los turistas sean eficientes y alineados con las necesidades prioritarias identificadas por la comunidad. Así, se requieren líderes comunitarios capacitados que puedan coordinar estos proyectos y maximizar su impacto.

- **Proyectos de conservación local.** Las comunidades también pueden desarrollar planes de conservación que se adapten a las necesidades y características específicas de su entorno. Estos planes pueden incluir la creación de reservas naturales comunitarias donde se regulan las actividades turísticas en áreas sensibles, o la rehabilitación de hábitats naturales para garantizar la supervivencia de especies autóctonas. Un caso destacado ha sido el de las comunidades indígenas en la Amazonia, que han desarrollado sus propios sistemas de vigilancia y protección de sus territorios, combinando conocimientos tecnológicos proporcionados por ONG con sus prácticas ancestrales de monitoreo y manejo del territorio.

- **Turismo comunitario y desarrollo económico.** El turismo comunitario es una forma de ecoturismo que busca maximizar los beneficios económicos para las comunidades locales. A través de la creación de cooperativas o asociaciones turísticas, las comunidades pueden ofrecer servicios directos como alojamiento, alimentación o guías. Esto facilita que una mayor proporción de los ingresos derivados del ecoturismo permanezcan dentro de la comunidad, fomentando así su desarrollo sostenible. Asimismo, este modelo reduce la dependencia de intermediarios externos, y coloca a las comunidades en una posición más autónoma para decidir cómo desean desarrollar sus iniciativas turísticas.

- **Creación de productos locales.** Además de los servicios turísticos, las comunidades pueden generar ingresos a través de la elaboración de productos locales, como artesanías, alimentos o productos naturales como cosmética o infusiones. Estos productos no solo son una fuente adicional de ingresos, sino que también preservan y promueven el patrimonio cultural y los saberes tradicionales. Las comunidades que presentan con orgullo sus productos generan un atractivo adicional para el turismo, que se ve interesado tanto en los elementos culturales como naturales del destino.

- ⮑ **Comunicación y alianzas estratégicas.** Para que las iniciativas comunitarias sean efectivas y sostenibles, es clave establecer canales de comunicación abiertos tanto dentro de la comunidad como con actores externos. La creación de alianzas estratégicas con ONG, empresas privadas, agencias gubernamentales y universidades puede proporcionar a las comunidades acceso a recursos, conocimientos técnicos y financiamiento necesario para llevar a cabo sus proyectos.

  Por ejemplo, colaboraciones con universidades pueden facilitar investigaciones sobre biodiversidad local o monitoreo ambiental, mientras que alianzas con empresas turísticas pueden proporcionar plataformas de *marketing* y promoción para potenciar el alcance y la visibilidad de las iniciativas comunitarias.

- ⮑ **Evaluación y ajuste continuo.** Finalmente, es indispensable que las comunidades establezcan sistemas de evaluación y monitoreo para documentar el progreso de sus iniciativas turísticas y ambientales. Recoger datos y testimonios ayuda a identificar puntos fuertes y áreas de mejora. Además, permite a las comunidades demostrar el impacto positivo de sus proyectos no solo en términos de conservación, sino también de beneficios sociales y económicos.

  Involucrar a la comunidad en este proceso de revisión y ajuste continuo garantiza que las iniciativas no pierdan el auténtico enfoque comunitario y que las decisiones se tomen de manera participativa y democrática.

En definitiva, las iniciativas comunitarias en el ecoturismo representan una herramienta poderosa para la protección de los recursos naturales y el empoderamiento de las comunidades locales. Al integrar sus prácticas ancestrales y su conocimiento profundo del entorno con la capacitación y el desarrollo de modelos de negocio autosostenibles, las comunidades pueden desempeñar un papel proactivo en la conservación del medioambiente.

Estas iniciativas, además de potencializar la conservación, fomentan la educación ambiental, crean nuevas oportunidades económicas y contribuyen a salvaguardar tanto la riqueza natural como cultural del planeta. En última instancia, el éxito del ecoturismo depende de cómo se involucre y beneficie a las comunidades que habitan en los destinos que visitamos, haciendo de cada visita una experiencia transformadora que vaya más allá del simple disfrute paisajístico.

Tecnología al servicio de la conservación

En un mundo donde el desarrollo tecnológico avanza a ritmo vertiginoso, la conservación del medioambiente y la preservación de la biodiversidad han encontrado en la tecnología un aliado invaluable. Los desafíos que enfrentan las comunidades dedicadas a la protección de la naturaleza no pueden ser abordados únicamente con esfuerzos manuales o conocimientos tradicionales. La tecnología proporciona **herramientas** poderosas para hacer más eficientes y efectivas estas iniciativas. Algunas de ellas son:

- **Sensores y monitoreo ambiental.** Uno de los avances tecnológicos más significativos en la conservación es el uso de sensores para el monitoreo ambiental. Sensores remotos, cámaras trampa y drones permiten a los investigadores recopilar datos de lugares inaccesibles y analizar indicadores ambientales en tiempo real. Por ejemplo, en las selvas tropicales, se pueden desplegar sistemas de monitorización acústica para registrar los sonidos de los animales y las voces humanas a kilómetros de distancia. Esto ha permitido a los científicos detectar patrones de biodiversidad y presencias indeseadas, como cazadores furtivos.
- **Imágenes satelitales y cartografía avanzada.** El uso de imágenes satelitales se ha convertido en un recurso clave para vigilar cambios en los ecosistemas. Tecnologías de teledetección ayudan a cartografiar grandes extensiones de terreno y a identificar áreas críticas para la conservación, donde el impacto de la actividad humana es evidente. Herramientas como *Google Earth* y GIS (sistemas de información geográfica) permitieron a conservacionistas visualizar y planificar de manera precisa proyectos de restauración de hábitats dañados y monitorear la reforestación en diversas regiones.
- **Modelado ambiental y simulación.** El modelado ambiental utiliza la informática para simular escenarios de cambio ambiental. Esta tecnología ayuda a anticipar los efectos del cambio climático en distintas regiones y planear estrategias específicas para la mitigación de daños. Al integrar factores como la temperatura, la humedad y patrones de precipitación, se generan modelos predecibles que ayudan a planear proyectos de conservación de especies en peligro.
- **Tecnología de ADN y biometría.** Innovaciones en el análisis de ADN han revolucionado la capacidad de rastrear especies específicas y sus movimientos. Los ecologistas pueden extraer ADN del medioambiente para identificar la presencia de especies a través del análisis de huellas genéticas en muestras de agua o suelo. Además, la biometría implementada en la observación de fauna permite la identificación única de individuos en poblaciones, posibilitando estudios detallados sobre migración y hábitos.

- **Aplicaciones y plataformas digitales.** El desarrollo de aplicaciones móviles y plataformas digitales facilita el diálogo entre turistas y conservacionistas, permitiendo a los visitantes aprender sobre la biodiversidad y prácticas de sostenibilidad durante sus viajes. Aplicaciones como *iNaturalist* alientan a los ciudadanos a contribuir con observaciones de flora y fauna, fomentando la recopilación de datos para estudios científicos y elevando la conciencia ambiental.
- **Agricultura de precisión.** La tecnología aplicada a la agricultura de precisión tiene un impacto directo sobre los proyectos de conservación al reducir la huella agrícola. El uso de drones equipados con sensores y cámaras de alta definición ayuda a los agricultores a monitorear la salud del cultivo, aplicar riegos de manera eficiente y minimizar el uso de pesticidas, reduciendo así el impacto en servicios ecosistémicos esenciales.
- **Inteligencia artificial y *machine learning*.** La inteligencia artificial (IA) y el *machine learning* (aprendizaje automático) están transformando la gestión de datos ambientales. Estos algoritmos pueden procesar y analizar grandes volúmenes de información para prever eventos futuros, como la aparición de incendios forestales, y optimizar esfuerzos de conservación. La IA también está siendo utilizada para rastrear especies en extinción, identificando patrones que los humanos podrían pasar por alto, los cuales son cruciales para su supervivencia.
- **Energías renovables y recursos hídricos.** Además, el acceso a energías limpias y renovables contribuye a la conservación, al reducir la dependencia de combustibles fósiles. Las turbinas de viento y los paneles solares no solo aportan a la reducción de emisiones de gases de efecto invernadero, sino que también pueden alimentar sensores y estaciones de monitoreo en áreas remotas. Asimismo, las innovaciones en el manejo del agua, como los sistemas de recolección de lluvias y la desalinización eficiente, están incrementando la disponibilidad de recursos hídricos, protegiendo ambientes acuáticos y terrestres.
- **Impresión 3D y restauración de ecosistemas.** La impresión 3D está comenzando a desempeñar un papel innovador en la restauración de ecosistemas. Desde la creación de arrecifes artificiales hasta elementos de soporte estructural de nidos y refugios, esta tecnología proporciona soluciones rápidas y personalizadas para el renacimiento de ambientes deteriorados.
- **Educación y realidad virtual.** Las tecnologías de realidad virtual y aumentada son una herramienta poderosa para educar y sensibilizar al público sobre la necesidad urgente de conservación. Las experiencias inmersivas que presentan la biodiversidad en todo su esplendor, o las consecuencias devastadoras de la actividad humana desmedida, permiten a los usuarios experimentar entornos que de otra manera serían inaccesibles, fomentando un compromiso más profundo con la sostenibilidad.

Mientras las comunidades han luchado durante décadas para implementar iniciativas efectivas de conservación, las tecnologías modernas ofrecen soluciones innovadoras que potencian estos esfuerzos. Empoderar a las comunidades con conocimiento tecnológico y acceso a estas herramientas no solo mejora las perspectivas de conservación, sino que también fomenta un cambio cultural hacia prácticas más sostenibles. De esta forma, la integración de la tecnología al servicio de la conservación se convierte no solo en una oportunidad, sino en una necesidad para enfrentar los desafíos contemporáneos de la protección de nuestro planeta.

La creación de aplicaciones móviles y plataformas digitales abre nuevas oportunidades de interacción entre turistas y expertos en conservación, ofreciendo a los viajeros la posibilidad de informarse sobre biodiversidad y adoptar prácticas sostenibles mientras disfrutan de sus experiencias.

2.3. Características de protección de los recursos naturales

La protección de los recursos naturales es un aspecto esencial en el desarrollo sustentable y la práctica de ecoturismo, ya que asegura la conservación y el uso responsable de la biodiversidad y los ecosistemas del planeta. A través de un enfoque integrado que combina principios biológicos, socioeconómicos y legales, se busca garantizar la sostenibilidad del capital natural para generaciones presentes y futuras.

Para abordar y entender las características esenciales de esta protección, es importante considerar un conjunto de **directrices** que abarcan desde la conservación de la biodiversidad hasta la implementación de estrategias efectivas de manejo y el establecimiento de una gobernanza clara, como son los siguiente.

Conservación de la biodiversidad

La biodiversidad es fundamental para mantener la estabilidad de los ecosistemas y los servicios que estos proporcionan, como la regulación del clima, la purificación del aire y agua, la polinización de cultivos, y el control de plagas y enfermedades. La protección de la biodiversidad se puede lograr a través de estrategias que incluyen la creación de áreas protegidas, como parques nacionales y reservas naturales. Estas áreas son vitales no solo para proteger hábitats y especies clave, sino también para proporcionar oportunidades de ecoturismo sostenible.

Por ejemplo, en Costa Rica, el establecimiento de parques nacionales, que abarcan aproximadamente el 25 % de su territorio, orientados a la conservación de la biodiversidad, ha impulsado tanto la ecología como el turismo sostenible. Los visitantes pueden explorar diferentes ecosistemas y aprender sobre especies en peligro de extinción, al mismo tiempo que se minimiza el impacto humano en el entorno natural.

Uso sostenible de los recursos

El enfoque en términos de recursos naturales implica a menudo encontrar un equilibrio entre el desarrollo económico y la conservación ambiental. Esto se traduce en la implementación de prácticas que eviten la sobreexplotación, como la pesca sostenible, la reforestación y el ahorro de agua y energía. Tal es el caso del ecoturismo que, al hacer uso de recursos renovables y alternativos, no solo busca minimizar el impacto ambiental, sino también maximizar la eficiencia energética.

Un ejemplo claro de esto es el uso de fuentes de energía renovable, como la solar o eólica, en las instalaciones turísticas de áreas rurales, lo que reduce la dependencia de combustibles fósiles. Además, promover prácticas agrícolas respetuosas con el entorno, como la agricultura orgánica, ayuda a conservar la salud de los suelos y la diversidad genética.

Participación y educación comunitaria

La participación local es un pilar esencial para el éxito de la protección de los recursos naturales. Involucrar a las comunidades en el manejo de sus recursos les da una voz al decidir cómo estos deben ser utilizados, y también promueve una mayor conciencia ambiental. La educación ambiental es clave para fomentar valores y actitudes que incentiven la protección de la naturaleza.

Al promover el conocimiento y la sensibilización, las comunidades pueden comprender mejor la importancia de los ecosistemas y el impacto de sus acciones. Programas como talleres de educación ambiental, caminatas guiadas por entornos naturales, o proyectos de restauración ecológica ofrecen herramientas útiles para empoderar a las comunidades locales, ayudándolas a adaptarse y evolucionar en armonía con su entorno.

Políticas y regulaciones robustas

Para proteger de manera efectiva los recursos naturales, es vital tener un marco legal sólido que regule el uso de esos recursos y ponga en práctica medidas de conservación y penalización para quienes no las cumplan. Las políticas ambientales, tanto a nivel local como internacional, son necesarias para coordinar esfuerzos y asegurar que los recursos naturales sean gestionados de manera sostenible. Estas normas deben ser flexibles y adaptables, considerando las variaciones ambientales y sociales.

Un buen ejemplo de leyes y políticas efectivas es el Convenio sobre la Diversidad Biológica, que promueve el desarrollo sostenible mediante la conservación de la biodiversidad, el uso sostenible de sus componentes y la distribución equitativa de los beneficios derivados del uso de los recursos genéticos. Países como Brasil tienen políticas estrictas contra la deforestación en la Amazonía que buscan proteger la biodiversidad al mismo tiempo que regulan la explotación de sus recursos.

Innovación y tecnología al servicio de la conservación

Como se expuso en el capítulo anterior, la tecnología juega un papel central en la protección de los recursos naturales. Innovaciones como sensores remotos, sistemas de información geográfica (SIG) y drones permiten monitorear vastos paisajes y hábitats sin intervención humana directa, ofreciendo datos vitales para el seguimiento y la gestión de los recursos.

Por ejemplo, el uso de cámaras trampa para monitorear la fauna en reservas naturales ofrece información valiosa sobre la presencia y el comportamiento de especies. Además, plataformas tecnológicas para la recolección de datos, como aplicaciones de ciencia ciudadana, permiten a las personas contribuir con el monitoreo ambiental, mejorando así la información disponible y apoyando la toma de decisiones informadas.

Enfoque ecosistémico e interdisciplinario

La protección efectiva de los recursos naturales requiere un enfoque ecosistémico que considere las complejas interacciones entre los elementos bióticos y abióticos del entorno. Este enfoque aboga por la administración integrada de la tierra, el agua y los recursos vivos, promoviendo su conservación y uso sostenible de manera equitativa. Involucra a científicos, administradores locales, técnicos y comunidades que trabajan en conjunto para comprender y gestionar los ecosistemas de forma holística.

Por ejemplo, el manejo de cuencas hidrográficas mediante el enfoque ecosistémico contribuye a la mitigación de inundaciones, la mejora de la calidad del agua y la estabilidad de los suelos, favoreciendo así la vida silvestre y las comunidades humanas.

Incentivos económicos y modelos de financiamiento

El uso de incentivos económicos adecuados puede fomentar el manejo sostenible de los recursos naturales. Esto incluye subsidios para prácticas agrícolas sostenibles y pagos por servicios ecosistémicos, que recompensan a los propietarios y administradores de tierras por conservar los ecosistemas que proveen beneficios ambientales más amplios.

Programas como el pago por servicios ambientales (PSA) han tenido éxito en países como Costa Rica, donde se compensa económicamente a los propietarios por conservar áreas forestales que aporten servicios como la captura de carbono, la protección de la biodiversidad y el mantenimiento de las fuentes de agua.

Reducción de riesgos y manejo de conflictos

El aumento de la población humana y la demanda de recursos pueden conducir a conflictos sobre el acceso y uso de los mismos. Por lo tanto, un componente clave en la protección de los recursos naturales es la capacidad de mitigar riesgos y manejar conflictos de manera efectiva. Esto incluye tener mecanismos de resolución que consideren las necesidades y derechos de todas las partes involucradas.

Iniciativas como acuerdos de uso compartido o la mediación comunitaria han resultado efectivas para mitigar disputas por el uso de recursos, asentándose en el diálogo y la cooperación, promoviendo así una cultura de paz y respeto mutuo en la protección ambiental.

Monitoreo y evaluación continua

Finalmente, la protección de los recursos naturales depende de un monitoreo regular y una evaluación continua para garantizar que las estrategias implementadas sean efectivas. Esto implica el seguimiento de la salud de los ecosistemas, la abundancia relativa de especies y el análisis de impactos derivados tanto del cambio climático como de actividades humanas.

 **NOTA**

Los protocolos de monitoreo deben ser actualizados y mejorados de manera regular, para adaptarse a cambios tanto en las condiciones ambientales como en el conocimiento científico. La retroalimentación obtenida de estos procesos de evaluación es esencial para la iteración constante de prácticas de manejo y políticas, asegurando su pertinencia y efectividad a lo largo del tiempo.

La protección de los recursos naturales es un esfuerzo multidimensional y colaborativo que requiere la integración de enfoques conservacionistas con iniciativas tecnológicas, educativas y económicas. Es mediante la implementación de estas características que podemos avanzar hacia un mundo donde el ecoturismo y la conservación de la biodiversidad coexistan en armonía, asegurando un futuro sostenible para nuestro planeta.

2.4. Gestión sostenible

La gestión sostenible en el ámbito del ecoturismo es un factor crucial para asegurar que las actividades turísticas no solo eviten dañinas repercusiones ambientales, sino que también promuevan la conservación de los ecosistemas y la revitalización de las comunidades locales. Con un enfoque centrado en el desarrollo a largo plazo, la gestión sostenible implica un equilibrio cuidadoso entre la explotación de los recursos naturales para el disfrute humano y la necesidad de preservar dichos recursos para las futuras generaciones.

IMPORTANTE

Uno de los pilares de la gestión sostenible en el ecoturismo es la integración de principios de conservación a las operaciones turísticas. Esto conlleva la creación de políticas que maximizan los beneficios medioambientales y sociales mientras minimizan los impactos adversos. Por ejemplo, la implementación de límites de carga, que controlan la cantidad de visitantes permitidos en un área natural en un momento dado, es una medida efectiva para minimizar el desgaste ambiental. Así, se asegura que el hábitat no sufra deterioro debido al exceso de actividad humana.

En el marco del ecoturismo, la inclusión y empoderamiento de las comunidades locales es clave para lograr una gestión sostenible. Las comunidades indígenas y locales tienen un profundo conocimiento de sus entornos naturales y son socios esenciales en la gestión de los mismos. Capacitar y contratar a miembros de estas comunidades como guías turísticos, educadores de la conservación y guardianes del entorno es una estrategia eficaz. Esto no solo aporta beneficios económicos directos a la comunidad, sino que también ayuda a preservar el conocimiento tradicional y las prácticas de conservación.

La certificación ecológica para operadores turísticos es una herramienta valiosa dentro de la gestión sostenible.

 ## EJEMPLO

En muchos países existen leyes que regulan la construcción de instalaciones turísticas en zonas costeras, prohibiendo la edificación cercana a las playas para protegerlas contra la erosión y la contaminación. Asimismo, se establecen normativas para el manejo adecuado de residuos sólidos y líquidos, crucial en áreas con afluencia turística elevada, donde el impacto ambiental puede ser significativo. Certificaciones como *Green Globe* o *Rainforest Alliance* son reconocimientos internacionales que aseguran que una empresa cumple con altos estándares de sostenibilidad. Estas certificaciones abordan una variedad de aspectos que van desde el consumo eficiente de energía y agua hasta la gestión de residuos y el apoyo económico a comunidades locales. Obtener tales

Continúa en página siguiente >>

<< Viene de página anterior

certificaciones no solo ayuda al negocio a mejorar su imagen y credibilidad, sino que también promueve una cultura de sostenibilidad dentro de la industria en general.

Sin embargo, la gestión sostenible es un esfuerzo continuo que requiere evaluación y adaptación constante. Los impactos de las actividades ecoturísticas deben ser monitoreados regularmente para identificar problemas emergentes y desarrollar respuestas adecuadas. Herramientas de evaluación como auditorías ambientales y análisis del ciclo de vida permiten a las organizaciones medir el impacto de sus operaciones y encontrar áreas de mejora. Además, es esencial involucrar a los actores clave, incluyendo a turistas, comunidades locales, organizaciones no gubernamentales y gobiernos, para apoyar el desarrollo de normas y políticas de sostenibilidad.

Por último, la gestión sostenible del ecoturismo debe alinearse con los objetivos de desarrollo sostenible (ODS) de la ONU. En particular, los ODS se centran en nociones tales como la erradicación de la pobreza, la protección del planeta y la garantía de que todas las personas vivan en paz y prosperidad. La vinculación del ecoturismo con los ODS no solo le permite contribuir al avance hacia un desarrollo global más sostenible, sino que también asegura que las iniciativas locales se enmarquen dentro de un panorama global más amplio.

 **VÍDEO**

En el siguiente vídeo puedes ampliar información sobre los ODS. Accede desde aquí:

https://redirectoronline.com/hotu00020204

La gestión sostenible no solo es una estrategia ambiental, sino un compromiso social y ético. Aunque puede parecer un desafío integrar tantos objetivos a menudo divergentes, las prácticas de gestión sostenible ofrecen beneficios significativos para la biodiversidad, la economía y las sociedades humanas. Al promover y adoptar estos métodos, el ecoturismo puede convertirse en un motor para el desarrollo sostenible, desempeñando un papel vital en la protección de los recursos naturales, que son fundamentales para nuestro futuro compartido.

 IMPORTANTE

El uso racional de recursos en el ámbito del ecoturismo es un pilar fundamental que nace de la necesidad de conservar y proteger los recursos naturales mientras se aprovechan para actividades turísticas.

El planeta Tierra, con su diversidad biológica y riqueza natural, representa un patrimonio invaluable que sustenta la vida.

A medida que la sociedad moderniza y expande su influencia sobre el entorno natural, la necesidad de fomentar la protección ambiental y la educación se convierte en una prioridad global. La protección de nuestros recursos naturales no solo garantiza la preservación del entorno para las generaciones venideras, sino que también nutre un equilibrio necesario para la supervivencia humana y el bienestar planetario. A través de iniciativas de sensibilización ambiental, se promueve el reconocimiento del papel vital que juega cada habitante del planeta en la defensa del entorno natural.

Al estudiar los pilares de protección, se evidencian principios fundamentales que deben ser incorporados en la gestión de los recursos naturales. La legislación ambiental opera como un marco esencial, imponiendo límites y directrices que aseguran que el uso de los recursos sea democrático y responsable. Sin embargo, la protección no es únicamente tarea gubernamental; las iniciativas comunitarias son vitales para personalizar la conservación, logrando así una implicación directa y local en el cuidado del entorno cercano.

3. Evaluación de los aspectos económicos vinculados al ecoturismo

☞ HILO CONDUCTOR

Ecolodge Green Park busca posicionarse como un referente del ecoturismo sostenible, integrando conservación ambiental, identidad local y beneficios económicos para la comunidad. Este proyecto se enmarca en un segmento de mercado en crecimiento, donde los viajeros valoran experiencias auténticas y respetuosas con el medioambiente. Con un diseño basado en principios sostenibles, estrategias de *marketing* orientadas a un público nicho, y una comercialización que destaque su valor diferencial, se aspira a atraer a un turismo responsable. La iniciativa no solo impulsa el desarrollo económico local, sino que también refuerza el compromiso con la protección del entorno de su ubicación y se convierte en un modelo de cómo el ecoturismo puede ser una herramienta clave para el desarrollo sostenible.

- -

El turismo ha evolucionado significativamente en las últimas décadas, siendo el ecoturismo uno de sus segmentos más llamativos y prometedores. A diferencia del turismo convencional, que a menudo pone en riesgo el entorno natural, el ecoturismo emerge como una alternativa sustentable que busca minimizar el impacto ambiental y potenciar el desarrollo socioeconómico de las comunidades locales. Sin embargo, para transformar el ecoturismo en un motor económico efectivo, es imprescindible entender y evaluar los aspectos económicos que lo fundamentan.

El ecoturismo, por su naturaleza, requiere un enfoque de mercado distinto. No se trata meramente de apreciar paisajes o explorar áreas protegidas; se trata también de identificar un nicho de mercado compuesto por viajeros conscientes que valoran la sostenibilidad y la autenticidad. La evaluación de estos aspectos económicos comienza identificando el ecoturismo como una categoría comercial prometedora dentro de la vasta industria turística global. Con un análisis cuidadoso, se pueden descubrir patrones y tendencias que no solo guían el diseño de experiencias únicas, sino que también permiten proyectar su viabilidad económica a largo plazo.

Por otro lado, cuando se considera a nivel global, el ecoturismo presenta tendencias que reflejan un cambio profundo en las preferencias del consumidor. La creciente conciencia ambiental, junto con un mayor interés por experiencias auténticas y significativas, dibuja un panorama lleno de oportunidades para innovar y expandir proyectos de ecoturismo. Al analizar estas tendencias, se pueden identificar oportunidades de negocio que van más allá de las tradicionales iniciativas turísticas.

La confluencia de estos elementos subraya la importancia de un enfoque integral que contemple tanto el diseño y el *marketing* como la comercialización efectiva de proyectos ecoturísticos. Las estrategias de *marketing* adaptadas al ecoturismo no solo deben centrarse en atraer turistas, sino también en educarlos sobre prácticas sostenibles y su impacto positivo en comunidades y ecosistemas. En este contexto, las alianzas y colaboraciones juegan un papel crucial al maximizar recursos y ampliar el alcance de las iniciativas ecoturísticas, permitiendo una distribución eficiente y eficaz de los productos ecoturísticos.

 EJEMPLO

Consideremos un ejemplo para entender el impacto potencial de estas estrategias. Imagine una pequeña comunidad en las montañas que posee un rico patrimonio cultural e impresionantes reservas naturales. Sin un enfoque adecuado, sus recursos podrían pasar desapercibidos en la amplia oferta turística. Sin embargo, si esta comunidad emprende un proyecto ecoturístico basado en un análisis riguroso del mercado, adaptando sus ofertas a las expectativas de los ecoturistas, y establece colaboraciones con otras organizaciones, podría no solo atraer a un número significativo de visitantes, sino también garantizar que esos turistas contribuyan a la preservación del entorno natural y al bienestar económico local.

La evaluación de los aspectos económicos vinculados al ecoturismo no es simplemente un ejercicio teórico. Es una herramienta esencial para transformar el potencial de conservación y desarrollo que ofrece esta industria en beneficios tangibles. Estas decisiones económicas, cuando se alinean con principios de sostenibilidad y responsabilidad, pueden convertirse en el pilar que sostiene tanto la viabilidad financiera de un proyecto ecoturístico como la riqueza ecológica y cultural que promete preservar. Así, el ecoturismo no solo se convierte en un agente de cambio positivo, sino que también redefine cómo interactuamos con nuestro entorno y las comunidades que lo habitan.

3.1. Ecoturismo como segmento de mercado

A lo largo de las últimas décadas, el ecoturismo se ha desarrollado como uno de los segmentos más dinámicos de la industria turística, reflejando un cambio en las preferencias de los consumidores hacia experiencias que privilegian la sostenibilidad y la conexión con la naturaleza. A continuación, se expondrán las características y ventajas del ecoturismo como segmento de mercado, analizando su impacto económico y los factores que contribuyen a su creciente popularidad.

Análisis de mercado

La importancia de realizar un adecuado análisis de mercado dentro del contexto del ecoturismo es fundamental para evaluar el potencial económico de esta actividad y su impacto en las comunidades locales. A medida que las tendencias turísticas globales evolucionan hacia una mayor sostenibilidad y respeto por el medioambiente, comprender las dinámicas de este mercado específico se convierte en una necesidad imperiosa. Todo ello se centra en proporcionar las herramientas y métodos adecuados para llevar a cabo un análisis exhaustivo que apoye la toma de decisiones informadas en el desarrollo de proyectos ecoturísticos. Para ello, se tendrán en cuenta los siguientes puntos:

- **Comprender al consumidor de ecoturismo.** En primer lugar, es esencial identificar quién es el consumidor típico del ecoturismo. Este segmento de mercado está generalmente compuesto por viajeros informados y comprometidos, a menudo motivados por un profundo interés en la conservación del medioambiente y el deseo de enriquecer sus experiencias culturales y naturales. A diferencia de los turistas convencionales que buscan principalmente ocio y entretenimiento, los ecoturistas buscan participación activa y aprendizaje en sus destinos. Este conocimiento permite diseñar productos y servicios a medida que satisfacen sus expectativas específicas, destacando aspectos como la autenticidad, la interacción con la naturaleza y el respeto por las culturas locales.
- **Tendencias actuales y cambios en la demanda.** El análisis de las tendencias actuales en el ecoturismo es indispensable para adecuar la oferta a las demandas del mercado. En los últimos años, ha habido un aumento significativo en la demanda de destinos que promueven la biodiversidad, así como aquellos que garantizan prácticas sostenibles y responsables. La pandemia de COVID-19 ha impulsado una mayor conciencia hacia la salud y seguridad en los viajes, generando una preferencia hacia destinos menos concurridos y con espacios abiertos. Asimismo, el auge del turismo regenerativo, que busca no solo minimizar

el impacto ambiental, sino también restaurar y mejorar los ecosistemas afectados, está cobrando impulso como una subcategoría relevante del ecoturismo.

- **Evaluación de la competencia.** El ecoturismo, como cualquier otro sector económico, enfrenta una competencia que puede influir significativamente en su desarrollo. Identificar a los principales competidores, sus estrategias de mercado y sus puntos fuertes y débiles es crucial para posicionarse eficazmente. La competencia no solo proviene de destinos similares, sino también de otros nichos de turismo que buscan captar la atención de los mismos viajeros. Los análisis SWOT (fortalezas, debilidades, oportunidades y amenazas) son una herramienta comúnmente utilizada para evaluar el entorno competitivo del ecoturismo.

- **Factores económicos impactantes.** Los factores económicos, tanto a nivel macroeconómico como microeconómico, desempeñan un papel fundamental en la evaluación del mercado ecoturístico. Elementos como el tipo de cambio, la inflación, el poder adquisitivo de los consumidores y las políticas gubernamentales que afectan el turismo deben ser considerados al evaluar el potencial económico de un destino. Asimismo, el análisis debe incluir la proyección de ingresos y costes asociados a las actividades ecoturísticas, teniendo en cuenta tanto las temporadas de alta como de baja demanda. Modelos económicos que simulan diferentes escenarios pueden ayudar a prever tendencias y preparar a las empresas para diversas eventualidades.

- **Impactos sociales y culturales.** Los impactos sociales y culturales del ecoturismo no deben subestimarse, ya que el turismo puede influir tanto positiva como negativamente en las comunidades anfitrionas. El éxito del desarrollo ecoturístico radica en su capacidad para equilibrar el crecimiento económico con la preservación del patrimonio cultural y social. Involucrar a las comunidades locales en el diseño y operación de los proyectos aumenta no solo sus beneficios económicos directos, sino que también promueve una mayor cohesión social y el fortalecimiento de las identidades culturales. Esto genera un producto turístico autóctono y diferente que puede ser más atractivo para el mercado internacional.

- **Evaluación ambiental.** Un análisis de mercado que se respete a sí mismo en el contexto del ecoturismo debe incluir una evaluación ambiental. Un aspecto distintivo del ecoturismo es su enfoque en la sostenibilidad ambiental, lo cual significa que los impactos deben ser constantemente monitoreados y gestionados. Factores ecológicos, como la capacidad de carga de los ecosistemas, son vitales para prevenir el deterioro de los recursos naturales que atraen a los visitantes. Indicadores como la cantidad de emisiones de carbono asociadas con las operaciones turísticas o el uso del agua y energía son ejemplos de métricas esenciales para asegurar un desarrollo responsable.

○ **Tecnologías en el análisis de mercado.** Las tecnologías modernas han transformado la forma en que los análisis de mercado se realizan en el sector del turismo, y el ecoturismo no es una excepción. Herramientas digitales y plataformas de análisis de *big data* permiten recopilar y analizar grandes volúmenes de datos de manera eficaz, lo que proporciona una visión más precisa sobre patrones de consumo y preferencias de los viajeros. La inteligencia artificial y el aprendizaje automático, por su parte, facilitan la predicción de tendencias futuras y el diseño de campañas de *marketing* altamente personalizadas, ayudando a convertir los *insights* en estrategias efectivas.

Realizar un análisis de mercado exhaustivo en el ámbito del ecoturismo es vital para entender las necesidades y expectativas de sus consumidores, así como para adaptarse a las tendencias globales. Reconocer las complejas interrelaciones entre los factores económicos, sociales, culturales y ambientales ayuda a maximizar oportunidades y gestionar riesgos. Un enfoque multidimensional respaldado por la participación de las comunidades locales y la utilización de herramientas tecnológicas avanzadas favorecerá no solo el crecimiento sostenible del ecoturismo, sino también el bienestar continuo de las áreas donde se lleva a cabo. El verdadero desafío y objetivo es lograr un desarrollo que no solo minimice los impactos adversos, sino que genere un valor durable y regenerativo para todos los involucrados.

 TAREA 3

El Parque Nacional de Aigüestortes i Estany de Sant Maurici, ubicado en los Pirineos catalanes, es uno de los principales destinos ecoturísticos en España. Con sus impresionantes paisajes de montañas, lagos y bosques, este parque atrae a turistas interesados en actividades como el senderismo, la observación de fauna y flora, y el turismo de naturaleza. Además, el parque es conocido por sus esfuerzos en conservación y sostenibilidad. Santi trabajará en un análisis de mercado para identificar nuevas oportunidades de desarrollo ecoturístico en la región. ¿Qué debe analizar Santi para este propósito?

Tendencias globales

En las últimas décadas, el ecoturismo ha emergido como una de las tendencias más significativas en el ámbito del turismo global. Esta modalidad de viaje, que promueve un acercamiento consciente y responsable a las áreas naturales, ha captado la atención de viajantes, operadores turísticos y gobiernos por su potencial para conducir a un desarrollo sostenible y beneficioso para las comunidades locales. Las tendencias globales más destacadas que están dando forma al ecoturismo y su influencia se caracterizan por:

- **Crecimiento sostenido del mercado de ecoturismo.** El mercado del ecoturismo ha mostrado un crecimiento continuo en todo el mundo. Las estadísticas revelan que, incluso en un contexto de crisis económica global, el ecoturismo ha mantenido su atractivo para los viajeros que buscan experiencias únicas y sostenibles. El crecimiento de este mercado se puede atribuir en gran parte a un cambio de paradigma en las preferencias de los turistas modernos, quienes están más informados y preocupados por los impactos ambientales y sociales de sus decisiones de viaje.

- **Aumento de la conciencia ambiental y social.** El auge de la conciencia ambiental y el interés por la conservación ha sido uno de los catalizadores más importantes en la expansión del ecoturismo a nivel global. Este fenómeno se ve impulsado por la educación ambiental y la creciente preocupación por el cambio climático, que ha llevado a más personas a optar por actividades de turismo que sean menos perjudiciales para el medioambiente. Los consumidores están buscando ofertas turísticas que no solo les permitan disfrutar de la naturaleza, sino que también apoyen la protección del ecosistema y el bienestar de las comunidades locales.

- **Integración de la tecnología.** La tecnología ha desempeñado un papel vital en la evolución del ecoturismo. Herramientas como las aplicaciones móviles, las redes sociales y las plataformas de reseñas han facilitado el acceso a información detallada sobre destinos de ecoturismo. Los turistas ahora pueden planificar sus viajes con mayor eficiencia y compartir experiencias con una audiencia global, lo que ayuda a promover destinos ecoturísticos que quizá hayan sido pasados por alto. Además, tecnologías emergentes, como la realidad virtual, están comenzando a ofrecer formas inmersivas de experimentar destinos ecológicos sin la necesidad de viajar físicamente, reduciendo la huella de carbono asociada.

- **Desarrollo de políticas y regulaciones.** Muchos gobiernos y organizaciones internacionales han reconocido el valor del ecoturismo como una herramienta para el desarrollo sostenible, lo que ha llevado al diseño e implementación de políticas y regulaciones destinadas a fomentar su crecimiento de manera controlada. Esto incluye incentivos económicos para proyectos de ecoturismo, regulaciones estrictas sobre el acceso y uso de áreas naturales protegidas, y programas de certificación que garantizan prácticas sostenibles en la industria. La creación de corredores ecológicos, que permiten la migración y conservación de especies en áreas interconectadas, es un ejemplo de cómo las políticas innovadoras están remodelando el paisaje del ecoturismo.

● **Descentralización y empoderamiento comunitario.** Una tendencia creciente en ecoturismo es el enfoque en descentralización y el empoderamiento de las comunidades locales. Al empoderar a estas comunidades para que gestionen sus propios recursos turísticos, se impulsa un desarrollo que respeta las culturas autóctonas mientras genera beneficios económicos directos para los habitantes. Los proyectos comunitarios de ecoturismo ofrecen una manera efectiva para que los turistas experimenten la cultura local auténticamente y, a su vez, la comunidad puede beneficiarse de la renta generada por el turismo. Este modelo de autogestión ha demostrado ser efectivo para el desarrollo sostenible y la conservación, ya que las comunidades locales poseen un interés directo en proteger sus recursos naturales y culturales.

● **Estrategias de *marketing* personalizadas.** Con la creciente diversificación del público interesado en el ecoturismo, las estrategias de *marketing* se han adaptado para dirigirse a nichos específicos. Por ejemplo, algunos operadores turísticos se centran en atraer a viajeros jóvenes y conscientes, mientras que otros apuntan a familias que buscan vacaciones educativas. Los destinos están utilizando las redes sociales y el *marketing* de contenidos de manera efectiva para resaltar experiencias únicas, como el avistamiento de vida silvestre o los talleres de conservación, adaptando su mensaje y oferta a las preferencias de estos grupos demográficos.

● **Enfoque en la calidad sobre la cantidad.** A medida que la presión sobre los recursos naturales aumenta, muchas regiones ecoturísticas están comenzando a priorizar la calidad del turismo sobre la cantidad. Este cambio de enfoque ha llevado a la implementación de estrategias como límites al número de visitantes, tarifas de entrada y la promoción de temporadas de visita baja para mitigar los impactos ambientales negativos. Por ejemplo, en la Patagonia chilena, el Parque Nacional Torres del Paine ha implementado sistemas de reserva anticipada para sus rutas más populares. Estos mecanismos ayudan a controlar la afluencia de visitantes y garantizan que la experiencia de cada turista sea especial, segura y sostenible.

● **Educación y capacitación.** El fortalecimiento del sector ecoturístico también depende de la educación y capacitación continua de todas las partes interesadas, desde el personal operativo hasta los turistas. Programas de formación profesional que se centran en la gestión sostenible y la comprensión de la biodiversidad local han demostrado ser fundamentales para mejorar el nivel de servicio, así como para fortalecer el compromiso con la conservación. Además, las iniciativas de sensibilización dirigidas a los turistas antes de su llegada han mejorado significativamente el comportamiento ecorresponsable durante sus visitas.

⮑ **Desarrollo de alianzas y colaboraciones.** Finalmente, las alianzas estratégicas están emergiendo como un componente esencial del ecoturismo a nivel mundial. Las colaboraciones entre el sector privado, las ONG, las entidades gubernamentales y las comunidades locales facilitan la creación de proyectos que no solo son económicamente viables, sino también ambiental y socialmente responsables. Estas alianzas permiten compartir conocimientos, recursos y experiencias, maximizando así los beneficios y minimizando los riesgos asociados con el desarrollo de ecoturismo en nuevas áreas.

Las tendencias globales en ecoturismo reflejan un cambio significativo hacia un paradigma de turismo más consciente y responsable, alineado con los principios de sostenibilidad. Estas tendencias no solo impactan la dinámica del mercado de ecoturismo, sino que refuerzan la importancia de evaluar los aspectos económicos que garantizan su continuidad y éxito a largo plazo. Al integrar estrategias innovadoras, normas de sostenibilidad y prácticas de gestión comunitaria, el ecoturismo se perfila como un vector crucial para el desarrollo económico que respeta y enriquece la biodiversidad y las culturas locales.

3.2. Diseño, *marketing* y comercialización de proyectos ecoturísticos

El diseño, la promoción y la venta de proyectos ecoturísticos son aspectos clave para garantizar el éxito y la sostenibilidad de las iniciativas en este ámbito. Después de identificar las oportunidades de negocio en el ecoturismo, es crucial enfocar los esfuerzos en desarrollar un enfoque integral que no solo promocione, sino que también mantenga la demanda a lo largo del tiempo y, a la vez, sea beneficioso para el entorno natural y las comunidades locales.

En el dinámico mundo del ecoturismo, el *marketing* juega un papel crucial en la creación de conciencia y atracción hacia proyectos sostenibles que promueven la conservación del medioambiente y ofrecen experiencias auténticas a los viajeros.

Las estrategias de marketing para ecoturismo deben alinearse tanto con los objetivos de negocio como con la responsabilidad de proteger los recursos naturales y culturales.

Algunas de las **estrategias** son:

➲ **Comprensión del público objetivo.** El primer paso esencial en cualquier estrategia de *marketing* es conocer profundamente al público objetivo. En el ecoturismo, los segmentos de mercado pueden variar significativamente, desde los viajeros conscientes interesados en minimizar su huella ecológica, hasta aventureros en busca de experiencias únicas en entornos naturales remotos. Realizar un estudio de mercado sólido, utilizando herramientas como encuestas, análisis de datos demográficos y segmentación psicográfica, permite identificar las características y preferencias del público. Este conocimiento detallado facilita la personalización de mensajes y ofertas que realmente encajen con los interesados en el ecoturismo.

➲ *Branding:* **construyendo una imagen consistente.** Una vez identificado el público objetivo, el *branding* se convierte en una herramienta poderosa para diferenciar proyectos ecoturísticos en un mercado competitivo. La marca no solo debe destacar la autenticidad y sostenibilidad del proyecto, sino que también debe transmitir sus valores centrales. La creación de un logotipo distintivo, un eslogan memorable y un conjunto consistente de elementos visuales ayuda a construir una identidad coherente. Además, compartir historias auténticas sobre iniciativas de conservación, impacto local y compromiso con la comunidad local no solo mejora la percepción de la marca, sino que también atrae a clientes más comprometidos con la causa.

➲ *Marketing* **de contenidos: informar y educar.** El *marketing* de contenidos es una de las herramientas más efectivas para atraer y retener clientes en el ecoturismo. Crear contenido valioso que eduque e inspire a los potenciales consumidores puede establecer una conexión emocional con la marca. Esto incluye blogs sobre la biodiversidad local, vídeos de experiencias turísticas, guías sobre prácticas sostenibles, testimonios de visitantes anteriores y colaboraciones con expertos en medioambiente. Las plataformas de redes sociales, como *Instagram* y *Facebook,* son canales excelentes para distribuir este contenido y fomentar la participación de la comunidad.

- **Estrategias digitales: presencia *online*.** Hoy en día, una presencia digital sólida es esencial para cualquier negocio. Los destinos ecoturísticos deben asegurarse de que sus sitios web sean atractivos, informativos, fáciles de navegar y optimizados para dispositivos móviles. Las estrategias de optimización para motores de búsqueda (SEO) son cruciales para mejorar la visibilidad en línea. Al utilizar palabras clave relevantes y contenido de alta calidad, se puede aumentar el tráfico orgánico al sitio web. Además, el uso estratégico de la publicidad *online,* como anuncios de *Google* y campañas en redes sociales, puede ayudar a alcanzar un público más amplio.

- **Alianzas estratégicas: colaboraciones de beneficio mutuo.** Formar alianzas con organizaciones afines, como ONG ambientales, instituciones educativas y empresas del sector turístico, puede ampliar significativamente el alcance de un proyecto ecoturístico. Estas colaboraciones permiten crear programas conjuntos, copatrocinar eventos ambientales y desarrollar productos turísticos integrados. Además, trabajar con *influencers* y *bloggers* dedicados al viaje y a la sostenibilidad puede amplificar el mensaje de manera auténtica y alcanzar a audiencias fieles y específicas.

- **Promociones y ofertas personalizadas.** Las ofertas promocionales pueden ser herramientas efectivas para persuadir a los viajeros a elegir un destino ecoturístico sobre otro. Es importante que estas ofertas estén alineadas con la experiencia única que se ofrece. Estas pueden incluir descuentos especiales para estancias más largas, paquetes personalizados que combinen diferentes experiencias y tarifas reducidas durante temporadas bajas. Sin embargo, las promociones deben presentarse de manera que no sacrifiquen la percepción de valor o el compromiso con la sostenibilidad del proyecto.

- **Fomentar el turismo responsable: educación al consumidor.** Un aspecto distintivo del *marketing* en ecoturismo es el enfoque en la educación del turista respecto al turismo responsable. Desarrollar materiales informativos sobre la flora y fauna local, las prácticas culturales y las normas de comportamiento sostenible ayuda a cultivar un sentido de responsabilidad y respeto entre los visitantes. Estos materiales pueden ser distribuidos antes del viaje, en la bienvenida y durante toda la estancia, asegurando que los turistas comprendan el impacto de sus acciones y cómo pueden contribuir positivamente a la conservación.

➲ **Impacto local y retroalimentación.** La incorporación de la comunidad local en el diseño y ejecución del *marketing* no solo es éticamente responsable, sino que también añade autenticidad al mensaje promocional. Utilizar retroalimentación de la comunidad y aquellos que han experimentado el destino para mejorar y ajustar las estrategias de *marketing* puede resultar en un ciclo de mejoras continuas. Además, los testimonios de residentes locales pueden ser una parte potente de la narrativa de marca, generando confianza y el compromiso de los turistas.

➲ **Análisis y monitorización de resultados. Finalmente**, la evaluación continua de las estrategias de *marketing* es vital para entender qué tácticas están funcionando y dónde se necesitan ajustes. Herramientas de análisis digital, como *Google Analytics* y las métricas de redes sociales, ofrecen datos valiosos sobre el comportamiento del usuario, la efectividad de las campañas y las conversiones. Revisar regularmente estos datos permite a los gestores del ecoturismo tomar decisiones informadas y adaptarse dinámicamente a las cambiantes condiciones del mercado y a las preferencias de los consumidores.

Las estrategias de *marketing* en el campo del ecoturismo requieren un enfoque integral que combine comprensión del público, *branding* sólido, contenido educativo, presencia digital robusta, alianzas estratégicas, promociones cuidadosas y una constante educación del consumidor. Al implementar estas estrategias de manera efectiva, los gestores de proyectos ecoturísticos pueden no solo atraer a más visitantes, sino también fomentar un turismo más responsable y sostenido que garantice la conservación y el respeto por el medioambiente y las comunidades locales a largo plazo.

 ## ACTIVIDAD COMPLEMENTARIA

4. Investiga en fuentes externas un ejemplo nacional sobre el uso de *Google Analytics* en proyectos ecoturísticos, enfocado en cómo esta herramienta favorece el *marketing* y la comercialización en el ecoturismo. Realiza un informe con los datos obtenidos.

Distribución de productos ecoturístico

La distribución de productos ecoturísticos es una parte esencial de la economía del ecoturismo y juega un papel esencial en asegurar que las experiencias de viajes sostenibles y responsables alcancen a su audiencia adecuada. A medida que el mundo se mueve hacia prácticas más sostenibles, el ecoturismo se ha transformado en una industria dinámica que requiere estrategias de distribución bien pensadas para conectar proveedores con consumidores.

En la distribución en ecoturismo no solo se trata de hacer que los productos estén disponibles, sino también de asegurar que lleguen a un público que valore y aprecie la importancia de los viajes sostenibles. Requiere una comprensión profunda de los deseos de los consumidores, así como del impacto ambiental, cultural y social de los servicios ofrecidos.

Los **aspectos** clave incluyen:

- **Identificación del público objetivo.** La segmentación del mercado es un primer paso crucial en la distribución de productos ecoturísticos. Conocer el perfil del turista interesado, sus preferencias, motivaciones y expectativas permite definir estrategias de comunicación y venta específicas. El ecoturista, generalmente consciente del medioambiente y con un deseo de aprender y contribuir positivamente, puede ser alcanzado eficazmente a través de campañas de *marketing* dirigidas y plataformas digitales.
- **Canales de distribución:**

  - **Directo al consumidor:** la venta directa es uno de los métodos más efectivos, y permite una relación más cercana y personalizada con el cliente. Plataformas online como sitios web de reservas, redes sociales e incluso aplicaciones móviles son fundamentales para llegar directamente al turista. Estos canales ofrecen flexibilidad y la oportunidad de incrementar la visibilidad.
  - **Intermediarios:** agencias de viajes especializadas en ecoturismo actúan como enlaces entre los proveedores y los consumidores finales. Aunque pueden elevar el coste del viaje para el consumidor debido a comisiones, su conocimiento del mercado puede incrementar significativamente el alcance y la efectividad de la distribución.
  - **Operadores turísticos:** su rol consiste en centralizar la oferta, al coordinar alojamientos, transportes y actividades en paquetes atractivos y accesibles para el consumidor.
  - **Redes comunitarias y locales:** las conexiones comunitarias son fundamentales en ecoturismo. Incluir a comunidades locales en el proceso de distribución, a través de cooperativas o iniciativas sociales, no solo mejora el alcance del producto, sino que garantiza una distribución de beneficios más equitativa.

⟳ **Estrategias de precios y valor.** La percepción del valor es esencial en la decisión de compra de cualquier producto ecoturístico. La estrategia de precios debe reflejar la calidad, singularidad y autenticidad de la experiencia, así como respaldar prácticas sostenibles. La transparencia en la fijación de precios aumenta la confiabilidad del producto y del proveedor.

Por otro lado, el uso creciente de tecnologías disruptivas está transformando la manera en que los productos ecoturísticos son distribuidos. La tecnología proporciona oportunidades para alcanzar a una audiencia global, personalizar la experiencia del cliente y optimizar los procesos de negocio y operacionales.

Algunos de los **medios** utilizados son:

Plataformas digitales y e-*commerce*
- Portales web especializados, aplicaciones para móviles y plataformas integradas de gestión de reservas se han vuelto imprescindibles. Estos sistemas facilitan la reserva, el pago y la comunicación, mejorando la experiencia del usuario con funcionalidades personalizadas, promociones exclusivas y servicios al cliente en tiempo real.

***Big data* y analítica**
- Las empresas que manejan productos ecoturísticos ahora pueden obtener, analizar y utilizar grandes cantidades de datos para tomar decisiones informadas. La analítica predictiva permite a los proveedores anticipar tendencias de mercado y ajustar ofertas de producto de manera proactiva.

Redes sociales e *influencer marketing*
- Las redes sociales sirven como herramientas potentes de distribución, no solo para publicitar productos, sino para involucrar a ecoturistas potenciales dentro de comunidades virtuales. El *influencer marketing* también ha surgido como un medio eficaz para llegar a nichos de mercado específicos, donde individuos influyentes en la sostenibilidad promueven experiencias auténticas y responsables.

***Blockchain* y seguridad**
- Esta tecnología asegura transacciones seguras y confiables, con la capacidad de rastrear cualquier elemento de la experiencia ecoturística, desde la compra hasta la entrega del servicio. Esto genera confianza y credibilidad en clientes conscientes de la seguridad y el impacto ambiental.

 **VÍDEO**

En el siguiente vídeo puedes ampliar información sobre qué es *big data analitics.* Accede al vídeo desde aquí:

https://redirectoronline.com/hotu00020205

Evaluar los aspectos económicos vinculados al ecoturismo implica adentrarse en un segmento de mercado que está en continuo crecimiento, con dinámicas propias que lo hacen fundamental en la economía global. El ecoturismo, una forma de viajar responsable que conserva el medioambiente y mejora el bienestar de las comunidades locales, se ha convertido en una oferta atractiva y viable dentro del sector turístico, demandando un análisis profundo sobre sus implicaciones económicas y su desarrollo potencial.

Analizar las tendencias globales del ecoturismo es esencial para identificar las oportunidades de negocio que surgen en este campo.

Este mercado no solo representa una alternativa ecológica, sino también una fuente de ingresos crucial para las comunidades locales, a menudo ubicadas en áreas de alto valor natural. Sin embargo, entrar y competir en este nicho requiere una comprensión detallada de las expectativas del consumidor, así como la habilidad para diseñar, comercializar y distribuir efectivamente productos ecoturísticos que respondan a estas necesidades.

Dentro de este contexto, es vital destacar el papel del *marketing* y las estrategias de comercialización que permiten posicionar un proyecto de ecoturismo de manera exitosa. El diseño de proyectos ecoturísticos involucrados dobc equilibrar las consideraciones ambientales con la experiencia del visitante, asegurando que las prácticas turísticas sean sostenibles y culturalmente respetuosas.

La adecuada distribución de productos ecoturísticos es un factor determinante para su éxito en el mercado. La creación de canales de distribución que faciliten el acceso a estos productos es fundamental para aumentar su viabilidad y sostenibilidad económica. A través de esta unidad de aprendizaje, se proporcionarán las herramientas necesarias para llevar a cabo un análisis minucioso del mercado ecoturístico, ayudar a los interesados a identificar y aprovechar las oportunidades de negocio, y desarrollar enfoques efectivos para la comercialización, asegurando que sus proyectos no solo cumplan las expectativas del mercado, sino que también contribuyan al desarrollo sostenible global. Tal conocimiento no solo es crítico para el éxito individual de los proyectos, sino que también se alinea con los objetivos más amplios de conservación y desarrollo comunitario que el ecoturismo pretende apoyar.

4. Aplicación del ecoturismo como herramienta de conservación

 HILO CONDUCTOR

Ecolodge Green Park surge como una respuesta a la necesidad de conservar la biodiversidad de su entorno mediante el ecoturismo responsable. Este proyecto integra el uso sostenible de los recursos naturales con la promoción de actividades que sensibilizan sobre la importancia de preservar los ecosistemas. Al ofrecer experiencias diseñadas para poner en valor la riqueza ambiental, se fomenta un turismo que respeta y protege el entorno. La interacción consciente

Continúa en página siguiente >>

<< Viene de página anterior

con la naturaleza se convierte así en una herramienta clave para la conservación y el desarrollo sostenible. *Ecolodge Green Park* demuestra que el turismo puede ser un aliado estratégico en la preservación de los espacios naturales.

El ecoturismo, a menudo descrito como la convergencia entre la aventura y la conservación, ofrece una plataforma poderosa para preservar y comprender la extraordinaria biodiversidad del planeta. No es simplemente una nueva moda en el vasto mundo del turismo; se trata de una herramienta revolucionaria que nos invita a reconectar con la naturaleza, a vivir experiencias únicas y, al mismo tiempo, a contribuir activamente a la protección de los frágiles ecosistemas. Pero, ¿qué hace que el ecoturismo sea tan efectivo como herramienta de conservación? La respuesta radica en su capacidad para fusionar el disfrute del entorno natural con un profundo respeto por sus límites, fomentando no solo encanto y aprecio, sino también una responsabilidad compartida por su protección.

Además, estas prácticas promueven un círculo virtuoso. Cuando los ingresos generados por visitas responsables se reinvierten en la conservación y el mantenimiento de los espacios naturales, se asegura la sustentabilidad a largo plazo. No se trata únicamente de proteger a las especies de la extinción; se trata de preservar el "tejido de vida" que sostiene el bienestar planetario. Las iniciativas de conservación, como la restauración de hábitats y la preservación de especies, se vuelven viables y efectivas cuando las comunidades son parte integral del proceso. Así, se forjan conexiones entre la biodiversidad de un entorno y el sentido de pertenencia de sus habitantes.

La importancia del ecoturismo no termina en los beneficios económicos. El contacto directo con la naturaleza educa y sensibiliza a los visitantes, cultivando una conciencia medioambiental que trasciende más allá del viaje. Los turistas, convertidos en embajadores de la conservación, regresan a sus hogares inspirados a adoptar prácticas de vida más sostenibles.

 EJEMPLO

Un viaje por un parque nacional habitado por especies en peligro puede despertar una pasión por el reciclaje o la limitación del uso de plásticos. Este cambio de mentalidad es crucial en un mundo cada vez más consciente de la necesidad de proteger su patrimonio natural.

4.1. Conservación y uso sostenible del medio

La conservación y el uso sostenible del medioambiente son pilares fundamentales en el marco del ecoturismo. Este enfoque no solo busca la preservación de los ecosistemas sino que promueve un equilibrio entre el disfrute humano del entorno natural y la protección de su integridad. Entender la dinámica que existe entre el turismo ecológico y la conservación nos permite visualizar un camino donde ambos puedan existir y prosperar de manera conjunta.

Un aspecto crucial del ecoturismo es su capacidad para proporcionar a las poblaciones locales un incentivo económico tangible para proteger su entorno. Cuando la gente percibe beneficios económicos a partir de la conservación de su entorno natural, es más probable que se conviertan en los custodios activos de estos recursos. La generación de ingresos a través de servicios ecoturísticos, como los *tours* guiados, la venta de productos locales, o el hospedaje rústico, puede ser una herramienta poderosa para disminuir presiones como la deforestación o la sobreexplotación de recursos.

Para entender el uso sostenible del medioambiente dentro del contexto del ecoturismo, hay que considerar varios **aspectos clave,** como:

- **Minimización del impacto ambiental.** El principal objetivo del uso sostenible es reducir el impacto humano en los ecosistemas nativos. Esto se logra mediante prácticas como el diseño de infraestructuras de bajo impacto, el manejo eficiente de desechos y la regulación del tráfico humano en áreas ecológicamente sensibles. Por ejemplo, la construcción de caminos de acceso y senderos puede planificarse para minimizar la interrupción del ecosistema local, usando materiales reciclables y respetando la flora y fauna existentes.
  Además, el uso de energías renovables y sistemas de aprovechamiento de recursos locales (como captación de agua de lluvia o el uso de biofiltros para tratar residuos) son prácticas ideales para mitigar los impactos ambientales. Estos métodos, aunque pueden requerir una inversión inicial significativa, ofrecen una reducción considerable del impacto ambiental a largo plazo y son ejemplos de prácticas sostenibles que pueden ser replicadas globalmente.
- **Respeto por la cultura local.** El ecoturismo también se centra en el respeto y valorización de las culturas locales. Al incorporar elementos culturales auténticos en la experiencia turística, se promueve la protección de tradiciones, lenguas y modos de vida que podrían estar en peligro de desaparecer. Al trabajar directamente con las comunidades indígenas o locales, las operaciones turísticas pueden garantizar que los beneficios económicos lleguen directamente a sus integrantes. Así se asegura que sean los propios habitantes quienes cuenten las historias de sus territorios, fortaleciendo al mismo tiempo su identidad cultural.

⊃ **Promoción de la conciencia ambiental.** La educación y la sensibilización ambiental son elementos esenciales para garantizar un turismo responsable y sostenible. Los visitantes deben ser educados sobre la importancia de la protección del entorno que están visitando, así como sobre las acciones que pueden tomar para minimizar su impacto personal. Es esencial que los operadores turísticos incluyan la educación ambiental como parte fundamental de la experiencia turística.

Los guías ecoturísticos capacitados juegan un rol crucial al transmitir conocimientos sobre ecología, biodiversidad y buenas prácticas ambientales. Esta educación no solo incrementa la experiencia del visitante, sino que también puede iniciar cambios significativos en la percepción del valor de la conservación a nivel global. Además, fomentar la participación activa de los turistas en la conservación, ya sea a través de actividades de voluntariado o en proyectos de restauración, puede reforzar el compromiso individual hacia prácticas sostenibles.

⊃ **Casos de estudio y beneficios.** Diversos ejemplos alrededor del mundo muestran cómo el modelo de conservación y uso sostenible del ecoturismo puede ser implementado con éxito. El Parque Nacional Corcovado en Costa Rica, por ejemplo, es conocido por sus estrictas regulaciones, que limitan la cantidad de visitantes para proteger su biodiversidad. Aunque limitadas, las actividades turísticas generan ingresos que ayudan a financiar la conservación y las infraestructuras necesarias para mantener el equilibrio ecológico.

En África, iniciativas como los safaris de vida silvestre han permitido que excazadores se conviertan en guías turísticos, transformando actividades depredadoras en fuentes de ingresos sostenibles. Este tipo de enfoque no solo sostiene poblaciones de vida silvestre importantes, sino que también ofrece oportunidades de empleo y crecimiento económico para las comunidades circundantes.

⊃ **Retos y oportunidades.** Aunque el potencial del ecoturismo como herramienta de conservación es significativo, también enfrenta varios desafíos. Una creciente demanda turística, si no se maneja adecuadamente, podría amenazar áreas frágiles, causando efectos contraproducentes a los objetivos de conservación. Por este motivo, una planificación estratégica, monitoreo constante y adaptación son indispensables para gestionar el turismo sostenible a largo plazo.

El cambio climático es otro factor que plantea retos tanto para la biodiversidad como para las estrategias turísticas. Las iniciativas turísticas deben desarrollar capacidades de adaptación, que pueden incluir la diversificación de actividades turísticas, la implementación de procesos de resiliencia en las comunidades y la revisión constante de los planes de manejo y conservación.

En definitiva, la conservación y el uso sostenible dentro del ecoturismo representan una alianza vital para el futuro del planeta. Empoderar a las comunidades locales, educar a los turistas y maximizar los beneficios económicos para la conservación son elementos que, juntos, pueden crear un cambio duradero. A medida que nos enfrentamos a desafíos ambientales globales de mayor envergadura, la búsqueda de un equilibrio entre disfrute humano y conservación es más crucial que nunca. El ecoturismo, correctamente implementado, puede ser la clave para asegurar que las experiencias naturales actuales puedan ser disfrutadas por generaciones futuras.

Iniciativas de conservación

La conservación de la biodiversidad y los recursos naturales es uno de los pilares fundamentales del ecoturismo. A nivel global, se han implementado numerosas iniciativas destinadas a proteger y preservar las áreas naturales, al tiempo que se promueve el desarrollo sostenible de las comunidades locales. Las iniciativas de conservación abarcan desde esfuerzos locales hasta programas globales y actúan como ejemplos inspiradores para la aplicación exitosa del ecoturismo como herramienta de conservación.

Uno de los enfoques más comunes de las iniciativas de conservación es la creación y gestión de áreas protegidas. Los parques nacionales, reservas naturales y áreas de conservación comunitaria son esenciales para proteger el hábitat de muchas especies en peligro de extinción y para mantener la integridad ecológica de los ecosistemas. Estas áreas no solo proporcionan refugios seguros para la fauna y flora, sino que también funcionan como atractivos para el ecoturismo, generando ingresos que pueden reinvertirse en su conservación.

 EJEMPLO

En el ámbito nacional, un ejemplo destacado de iniciativas de conservación es el Parque Nacional Doñana. Reconocido como reserva de la biosfera por la UNESCO, este espacio protegido abarca marismas, dunas móviles y bosques mediterráneos, albergando una de las biodiversidades más ricas de Europa. Entre sus logros, se encuentra la recuperación de especies emblemáticas como el lince ibérico y el águila imperial ibérica, ambas en peligro de extinción.

El ecoturismo desempeña un papel clave en la conservación de Doñana, ya que atrae a visitantes interesados en actividades como el avistamiento de aves y el senderismo. Los ingresos generados por el turismo son reinvertidos en programas

Continúa en página siguiente >>

<< Viene de página anterior

de investigación, restauración de hábitats y educación ambiental, fomentando un modelo sostenible que combina protección ecológica y desarrollo local. Este ejemplo demuestra cómo la gestión adecuada de un área natural puede convertirla en un referente tanto en conservación como en ecoturismo responsable.

La sociedad civil y las organizaciones no gubernamentales también juegan un papel crucial al liderar iniciativas de conservación en el contexto del ecoturismo. Organizaciones como la *World Wildlife Fund* (WWF) y *Conservation International* han lanzado proyectos en todo el mundo que combinan la protección de la biodiversidad con el desarrollo económico sostenible. Estos proyectos a menudo implican colaboraciones con gobiernos, comunidades locales y el sector privado, promoviendo un enfoque holístico que maximiza los beneficios del ecoturismo para la conservación de la ecología.

 PARA SABER MÁS

En el siguiente enlace podrás conocer en profundidad en qué consiste la WWF. Accede desde aquí:

https://redirectoronline.com/hotu00020206

La aplicación del ecoturismo como herramienta de conservación implica reconocer que los ecosistemas naturales y las culturas locales son activos invaluables que, cuando se manejan correctamente, pueden proporcionar beneficios económicos y sociales significativos. Al fomentar relaciones simbióticas entre el turista, la comunidad y el entorno, el ecoturismo actúa no solo como un protector de la biodiversidad, sino como un catalizador para el desarrollo humano sostenible.

4.2. Espacios naturales y conservación de la biodiversidad

La conservación de la biodiversidad en estos espacios naturales es primordial. El término "biodiversidad" se refiere a la variedad de formas de vida en un entorno dado, abarcando la diversidad genética, de especies y de ecosistemas. Los espacios naturales son santuarios de esta diversidad, y proporcionan refugio a una infinidad de especies que, en muchos casos, no podrían sobrevivir en ambientes antropizados o transformados por la mano del hombre.

Es relevante entender que la pérdida de biodiversidad tiene un efecto directo en los servicios ecosistémicos y, por ende, en los beneficios que los seres humanos derivan de ellos. La polinización, la purificación del agua, la regulación del clima y la fertilidad del suelo son ejemplos de servicios que resultan directamente de la biodiversidad. En este escenario, el ecoturismo emerge como una herramienta poderosa para promover la conservación de estos servicios vitales mediante la creación de incentivos económicos que motivan la protección y el uso sostenible de los entornos naturales.

La implementación y gestión de espacios naturales requiere de estrategias concertadas que integren políticas ambientales efectivas, participación comunitaria y educación ambiental. La designación de un área como parque nacional o reserva es solo el primer paso. Gestores de parques y conservacionistas deben colaborar para monitorear la biodiversidad, controlar especies invasoras y ejecutar planes de manejo que reduzcan el impacto humano. Además, las comunidades locales deben ser incluidas activamente en el proceso de gestión, garantizando que los beneficios del ecoturismo sean distribuidos equitativamente y que las prácticas tradicionales y conocimientos ancestrales sean valorados y aprovechados.

La educación ambiental juega un papel crucial en el éxito del ecoturismo para la conservación. Los visitantes a los espacios naturales, sean turistas locales o internacionales, deben ser informados acerca de la importancia de la biodiversidad y sobre cómo sus comportamientos pueden influir positiva o negativamente en ella.

La gestión adecuada de los flujos turísticos es otro aspecto vital en la conservación dentro de los espacios naturales. La capacidad de carga de estos espacios debe ser evaluada y respetada, para evitar el daño ambiental debido a una presencia excesiva de visitantes. Medidas como la implementación de tarifas de entrada diferenciadas según la temporada, limitaciones en el número de visitantes diarios y el desarrollo de infraestructuras sostenibles son esenciales para mitigar el impacto del turismo y asegurar que no se comprometan los valores ecológicos del lugar a cambio de un beneficio económico a corto plazo.

 **EJEMPLO**

La Alhambra, en Granada, a pesar de no ser un entorno natural, es un ejemplo de cómo las medidas de limitación de visitantes pueden ser aplicadas exitosamente para conservar su integridad cultural y ambiental.

Preservación de especies

La preservación de especies es un componente esencial del ecoturismo y un enfoque clave para la conservación de la biodiversidad en general. La pérdida acelerada de especies, impulsada por factores como la urbanización, el cambio climático, la deforestación, la contaminación y la sobreexplotación de recursos naturales, ha puesto en un estado crítico numerosos hábitats alrededor del mundo. La riqueza biológica que se encuentra en la Tierra es vital no solo para el equilibrio de los ecosistemas, sino también para el bienestar humano, ya que provee servicios ecosistémicos esenciales como el suministro de alimentos, agua limpia y medicina, además de contribuir a la estabilidad climática global. El ecoturismo se presenta como una herramienta efectiva para la preservación de especies, ya que fomenta la interacción armónica entre el ser humano y la naturaleza, generando un sentido de responsabilidad y aprecio hacia entornos naturales y las formas de vida que los habitan.

La preservación de especies es vital por diversas **razones:**

Razón 1

- Cada especie cumple un papel único dentro de su ecosistema; ya sea como depredador, presa, polinizador o carroñero, su presencia asegura el equilibrio en las cadenas alimenticias y el mantenimiento de los procesos ecológicos. La desaparición de una sola especie puede desencadenar una serie de impactos negativos en su ecosistema, afectando a otras especies y alterando la estructura funcional del hábitat.

Razon 2

- La diversidad biológica es esencial para la resiliencia de los ecosistemas frente a cambios ambientales. Un sistema con una rica variedad de especies tiene mayor capacidad de adaptación ante cambios repentinos, como eventos climáticos extremos o el impacto de enfermedades. La pérdida de biodiversidad, por ende, disminuye esta capacidad adaptativa e incrementa el riesgo de colapsos ecológicos.

Razón 3

- Además, la biodiversidad es fuente directa e indirecta de beneficios para la humanidad. La bioprospección, por ejemplo, que busca compuestos naturales en plantas, animales y microorganismos, ha dado origen a descubrimientos significativos en el campo farmacéutico. Muchos medicamentos modernos, desde el ácido acetilsalicílico hasta tratamientos para el cáncer, han sido formulados gracias al estudio de las propiedades de diversas especies. La riqueza genética presente en las zonas de diversidad biológica, ofrece potencial para futuros descubrimientos que podrían contribuir a asegurar la salud humana y el desarrollo sostenible.

Para preservar las especies y sus hábitats, se implementan múltiples estrategias que van desde la protección legal hasta enfoques basados en la ciencia y la participación comunitaria. A continuación, se detallan algunas de las **prácticas** más efectivas dentro de esta tarea:

➲ **Creación y gestión de áreas protegidas.** La creación de reservas naturales, parques nacionales y otras áreas protegidas es una de las estrategias más comunes para salvaguardar la biodiversidad. La delimitación de estos territorios asegura hábitats para muchas especies, tanto en número como en su calidad, garantizando un espacio donde puedan ocurrir procesos ecológicos naturales. Además, proporciona un refugio seguro donde las especies pueden reproducirse sin la presión directa de actividades humanas destructivas.

⮑ **Programas de reproducción en cautividad.** Estos programas son esenciales para especies en peligro crítico de extinción. Al criar animales en ambientes controlados, se pueden restablecer poblaciones que se han visto drásticamente reducidas en la naturaleza. Posteriormente, los individuos criados pueden ser reintroducidos en sus habitats originales bajo estrictas normas para asegurar su adaptación y supervivencia.

⮑ **Restauración de hábitats.** La restauración de ecosistemas dañados es crucial para proporcionar a las especies un entorno donde puedan prosperar nuevamente. Esto comprende la reforestación, la eliminación de especies invasoras, la restauración de cursos de agua y la mejora de las condiciones de suelo que, en conjunto, promueven condiciones óptimas para la biodiversidad.

⮑ **Educación y concienciación.** La educación ambiental es un componente complementario que fortalece las iniciativas de conservación. Fomentar la conciencia pública sobre la importancia de la biodiversidad y los peligros que enfrenta moviliza a individuos, comunidades y gobiernos hacia acciones de preservación. Las campañas educativas también promueven un turismo responsable que minimiza la huella ecológica de sus actividades.

⮑ **Políticas de conservación y colaboración internacional.** La implementación de legislación que proteja ambientes particulares y penalice la explotación ilegal de recursos biológicos es crucial para la preservación. Además, la colaboración internacional es fundamental, dado que muchas especies migran a través de diferentes fronteras geográficas y políticas. Tratados y acuerdos globales como el Convenio sobre la Diversidad Biológica (CDB) ayudan a coordinar esfuerzos y recursos entre países.

⮑ **Integración de tecnologías avanzadas.** Las innovaciones tecnológicas están transformando la forma de abordar la conservación biológica. Sistemas de monitoreo como cámaras trampa y drones permiten el seguimiento detallado de especies y la vigilancia de áreas extensas. Además, herramientas biotecnológicas, como la reproducción asistida o la edición genética CRISPR, están abriendo nuevas posibilidades para la preservación de especies en riesgo.

👁 EJEMPLO

Un ejemplo de éxito en la preservación de especies a través del ecoturismo es el de las Islas Cíes, en Galicia, donde el ecoturismo ha contribuido a la conservación de especies marinas y aves. Este archipiélago, que forma parte del Parque Nacional Marítimo-Terrestre de las Islas Atlánticas, alberga colonias importantes de aves como la gaviota patiamarilla y el cormorán moñudo, así como una rica biodiversidad marina.

La regulación estricta del turismo, con un límite diario de visitantes y actividades guiadas enfocadas en la educación ambiental, ha permitido minimizar el impacto humano en el entorno natural. Los fondos recaudados a través del ecoturismo se destinan a la protección de la fauna, la limpieza de playas y la restauración de hábitats marinos. Las Islas Cíes son un claro ejemplo de cómo un turismo bien gestionado puede equilibrar el disfrute del visitante con la preservación de un patrimonio natural único.

El ecoturismo se presenta como una tendencia en crecimiento y una poderosa herramienta para la conservación ambiental, en un contexto donde los desafíos ecológicos son cada vez más urgentes. Más allá del simple disfrute de la naturaleza, busca mitigar los impactos negativos de las actividades humanas, al promover un uso sostenible de los recursos y la preservación de los ecosistemas. Esta unidad aborda cómo el ecoturismo puede combinar la protección ambiental con beneficios sociales y económicos, fomentando un desarrollo equilibrado.

Se profundiza en los principios de la conservación, el uso sostenible de los recursos naturales y las prácticas sostenibles que minimizan el impacto del turismo, asegurando la disponibilidad de recursos para futuras generaciones. También se analizan iniciativas de conservación globales, impulsadas por empresas y organizaciones, que ilustran cómo el ecoturismo puede ser un motor de cambio positivo. La restauración de hábitats dañados y la preservación de la biodiversidad, especialmente de especies en peligro, son elementos esenciales en este modelo, reconociendo su papel crítico en la salud de los ecosistemas.

Un aspecto fundamental es la participación de las comunidades locales, quienes, al recibir beneficios tangibles del ecoturismo, se convierten en defensoras activas de la conservación. Su implicación asegura prácticas culturalmente apropiadas y sostenibles a largo plazo. Esta unidad no solo busca transmitir conocimientos sobre los mecanismos y beneficios del ecoturismo, sino también inspirar a los estudiantes a actuar como promotores de la conservación, destacando el potencial del ecoturismo para lograr un impacto positivo y duradero en el equilibrio entre turismo y naturaleza.

5. Planificación turística

 HILO CONDUCTOR

Ecolodge Green Park se proyecta como un ejemplo de turismo sostenible que requiere una planificación estratégica para garantizar su éxito y minimizar impactos negativos. La planificación turística es esencial para alinear los objetivos económicos, ambientales y sociales del proyecto con las necesidades del Parque Nacional de Cabañeros y su comunidad local. A través de un proceso bien estructurado, se busca diseñar un modelo de operación que priorice la conservación del entorno natural, la creación de experiencias significativas para los visitantes y el desarrollo económico local. Desde el análisis del contexto hasta la implementación y monitoreo, cada etapa del proceso de planificación garantizará que el *ecolodge* sea una herramienta efectiva para el turismo responsable y sostenible.

La planificación turística es un componente esencial para el desarrollo exitoso y sostenible de destinos turísticos. En un mundo donde el sector turístico tiene un impacto significativo en las economías locales y globales, así como en el medioambiente y las comunidades, una planificación cuidadosa se convierte en un proceso imprescindible. Comprender la necesidad de planificar nos lleva a reconocer que, a menudo, el turismo no surge de manera espontánea, sino que es el resultado de un enfoque estratégico que permite maximizar beneficios y minimizar problemas.

El turismo tiene la capacidad de revitalizar comunidades, crear empleos y fomentar el intercambio cultural. Sin embargo, sin una planificación adecuada, puede también llevar a un deterioro ambiental, sobreexplotación de recursos, pérdida cultural y, en última instancia, un declive en la calidad del destino turístico. Es por ello que los riesgos y desafíos asociados al turismo no planificado deben ser abordados de manera proactiva. Las estrategias de mitigación son cruciales para enfrentar estos riesgos, garantizando un equilibrio entre el crecimiento económico del turismo y la preservación de los valores locales y naturales.

El proceso de planificación turística es un ciclo continuo que exige un diagnóstico situacional preciso. Este diagnóstico permite identificar las fortalezas y debilidades del destino turístico, así como las oportunidades y amenazas en el entorno. A partir de esta evaluación, se pueden definir actividades específicas que promuevan un desarrollo turístico sano y equilibrado. La implementación y seguimiento de estas actividades son pasos fundamentales para asegurar que el plan no solo sea efectivo en teoría, sino también en la práctica, ajustándose según las necesidades y desafíos que vayan surgiendo.

 **EJEMPLO**

Para ilustrar la importancia de la planificación turística, consideremos el ejemplo de una comunidad costera que depende del turismo de playa. Sin una planificación adecuada, esta comunidad podría enfrentarse a problemas como el deterioro de los arrecifes de coral, la sobrecarga de infraestructuras y la pérdida de identidad cultural debido a la llegada masiva de turistas. Sin embargo, al adoptar un enfoque de planificación estratégica, el destino puede implementar medidas como la gestión responsable de los residuos, la promoción de actividades de ecoturismo que respeten la biodiversidad local y la creación de experiencias auténticas que involucren a los residentes locales. Esto no solo mejora la experiencia para los visitantes, sino que también asegura que los beneficios del turismo sostenido se distribuyan equitativamente entre la comunidad local, manteniendo el atractivo del destino a largo plazo.

La planificación turística es una herramienta vital en la gestión de los destinos, proporcionando un plan claro y estructurado sobre cómo desarrollar y gestionar recursos turísticos de una manera que promueva el bienestar social, económico y ambiental. Al embarcarnos en esta unidad de aprendizaje, exploraremos cada faceta del proceso de planificación turística para comprender cómo se puede traducir el potencial teórico en acciones prácticas que tengan un impacto positivo en las comunidades y los ecosistemas involucrados.

5.1. La necesidad de planificar

El ecoturismo ha emergido como un enfoque responsable que busca armonizar la explotación turística con la conservación del entorno natural y el bienestar de las comunidades locales. Sin embargo, su éxito y sostenibilidad dependen en gran medida de una planificación meticulosa que tenga en cuenta diversos factores sociales, económicos y ambientales.

Planificar es crucial en el ecoturismo porque permite anticipar y mitigar los impactos potenciales que pueden surgir de la actividad turística. Sin una adecuada planificación, el desarrollo del ecoturismo puede conllevar la degradación ambiental, la pérdida de biodiversidad, conflictos sociales e, incluso, el colapso económico de las zonas que lo promueven. Por ende, identificar la necesidad de planificar es el primer paso hacia un ecoturismo que realmente proporcione beneficios sostenibles.

El primer aspecto a considerar en la planificación ecoturística es el **ambiental.** Los recursos naturales son la base de todo proyecto de ecoturismo. Asegurar su conservación es esencial para atraer a los turistas interesados en disfrutar de la naturaleza en su estado más puro. La planificación puede incluir la evaluación de la capacidad de carga ambiental de un destino, es decir, determinar la cantidad máxima de visitantes que un área puede recibir sin alterar irreversiblemente sus ecosistemas. Esto implica establecer límites claros de visita, definir áreas protegidas estrictas y desarrollar guías de conducta para los turistas que visiten los espacios naturales.

Además del ámbito ambiental, la planificación en ecoturismo debe tener en cuenta el **componente social.** El ecoturismo afecta y es afectado directamente por las comunidades locales. Es vital que las comunidades sean partícipes y beneficiarias del desarrollo ecoturístico. Involucrarlas en el proceso de planificación promueve su empoderamiento y asegura que sus necesidades y conocimientos ancestrales sean considerados en la gestión del territorio.

Asimismo, en el **ámbito económico,** la planificación es fundamental para asegurar la sostenibilidad financiera de los proyectos ecoturísticos. La inversión en infraestructura adecuada, como senderos, señalización y servicios básicos, debe estar bien calculada para que los costes no sean mayores que los ingresos generados por el turismo. Aquí, las asociaciones público-privadas pueden ser una estrategia efectiva, donde gobiernos, empresas y organizaciones no gubernamentales trabajen en conjunto para repartir responsabilidades y beneficios.

IMPORTANTE

La planificación estratégica del ecoturismo debe incluir medidas de adaptación y mitigación al cambio climático, lo cual es un desafío creciente en la actualidad. Integrar principios de sostenibilidad desde la fase de diseño de los proyectos garantiza que las actividades turísticas sean resilientes a los cambios ambientales y puedan mantenerse a largo plazo. Esto puede implicar el uso de energías renovables, gestión eficiente del agua, reducción y manejo adecuado de residuos y promoción del transporte sostenible tanto para turistas como para habitantes locales.

Finalmente, la planificación eficiente del ecoturismo requiere **el establecimiento de políticas, normativas y marcos legales** claros que regulen la actividad turística. Este marco debe ser transparente, inclusivo y favorecer la colaboración entre entidades públicas y privadas. La legislación debe asegurar la protección del medioambiente, los derechos de las comunidades locales y la generación de un turismo responsable y educativo.

Riesgos y desafíos

En el ámbito del ecoturismo, la planificación turística enfrenta diversos riesgos y desafíos que deben ser comprendidos y gestionados eficazmente para asegurar la sostenibilidad y el éxito del proyecto. La importancia de entender estos riesgos radica en la capacidad de anticipar posibles problemas y establecer medidas que minimicen su impacto en los ecosistemas locales y en las comunidades que dependen de ellos.

Algunos de los **riesgos** más importantes son:

- **Impacto ambiental.** El riesgo más evidente asociado al ecoturismo es el impacto negativo que puede tener en el medioambiente local. Aunque el ecoturismo se centra en la conservación, un aumento descontrolado del flujo turístico puede llevar a la degradación de hábitats naturales. El pisoteo excesivo, la basura y la perturbación de la vida silvestre son algunos ejemplos. Esto pone de manifiesto el desafío de mantener un equilibrio entre atraer visitantes y preservar el entorno, lo que requiere un diseño meticuloso de rutas turísticas, control de visitantes y educación ambiental.

⊃ **Sostenibilidad económica.** Otro desafío fundamental es asegurar la sostenibilidad económica de los destinos ecoturísticos. Si bien el ecoturismo puede proporcionar ingresos significativos, la dependencia excesiva de una única fuente económica puede exponer a las comunidades locales a vulnerabilidades, como cambios en las tendencias turísticas o crisis económicas globales. La estrategia de diversificación de actividades económicas, la inclusión de la comunidad en la planificación y la inversión en infraestructuras sustentables son cruciales para contrarrestar estos riesgos.

⊃ **Conflictos sociales.** La introducción del ecoturismo en comunidades locales puede provocar conflictos sociales. Las expectativas y necesidades de los residentes pueden diferir de las de los desarrolladores turísticos, lo que puede causar tensiones. Además, la distribución de beneficios económicos no equitativa puede exacerbar las desigualdades sociales. Incorporar la participación de la comunidad en el proceso de planificación y asegurar que los beneficios del turismo se distribuyan de manera justa son pasos vitales para mitigar estos desafíos.

⊃ **Preservación cultural.** El ecoturismo puede llevar a la erosión cultural si no se gestiona con sensibilidad. La afluencia de turistas puede alterar las prácticas tradicionales y los valores culturales locales. Para superar este riesgo, es esencial promover el turismo culturalmente respetuoso, asegurando que las tradiciones y los modos de vida locales sean preservados y respetados en todos los planes de desarrollo turístico.

⊃ **Cambio climático.** El cambio climático es un desafío a medio y largo plazo que puede alterar significativamente los ecosistemas que son la base del ecoturismo. Pérdidas de biodiversidad, fenómenos meteorológicos extremos y cambios en los patrones de lluvia pueden afectar directamente las áreas naturales y la experiencia turística. Las estrategias de mitigación del cambio climático, como la reducción de emisiones de carbono en actividades turísticas y la implementación de prácticas de turismo regenerativo, son imperativas.

⊃ **Regulación y cumplimiento.** La falta de regulación o el incumplimiento de las normativas existentes pueden llevar a la explotación insostenible de los recursos naturales. Por ejemplo, la falta de leyes estrictas puede permitir la sobreexplotación de los recursos o el desarrollo infraestructural inapropiado. Los cuerpos gubernamentales y las organizaciones deben trabajar en conjunto para formular y aplicar regulaciones claras que guíen el crecimiento de la industria ecoturística.

⊃ **Tecnología y digitalización.** Con el avance de la tecnología, surge el desafío de integrar herramientas digitales para mejorar la experiencia turística y la gestión de los recursos. Sin embargo, también existe el riesgo de digitalizar demasiado, perdiendo elementos de autenticidad y conexión con la naturaleza. Las tecnologías deben utilizarse para mejorar la sostenibilidad, desde la gestión eficiente de los recursos hasta la educación y sensibilización de los visitantes.

⊃ **Capacidad de carga.** El concepto de capacidad de carga es fundamental en ecoturismo, ya que evalúa la cantidad máxima de visitantes que un destino puede soportar sin provocar daño ambiental o deterioro de la calidad de la experiencia turística. Exceder esta capacidad puede llevar a un deterioro del entorno y la experiencia, por lo que establecer límites claros y dinámicos es esencial para la planificación sostenible.

IMPORTANTE

La educación y capacitación de todos los involucrados, desde los guías turísticos hasta los visitantes, son herramientas esenciales para fomentar una mayor conciencia sobre el impacto del turismo y sobre cómo cada individuo puede contribuir a reducirlo. Las alianzas con organizaciones no gubernamentales y comunidades científicas amplían el alcance de las estrategias de preservación y generan un impacto positivo de largo alcance.

El estudio de estos riesgos y desafíos en el contexto de la planificación turística no solo es crucial para proteger las áreas naturales que son fuente de atracción, sino también para asegurar que el ecoturismo siga siendo una herramienta eficaz para el desarrollo sostenible de las comunidades locales. Es un recordatorio de lo vital que es integrar la conservación con el desarrollo económico y social en el diseño de la experiencia ecoturística para garantizar su viabilidad a largo plazo.

APLICACIÓN PRÁCTICA

Fátima es una emprendedora que ha sido seleccionada para dirigir un proyecto ecoturístico en el Parque Natural Sierra de Cazorla, en Andalucía. Durante el proceso de planificación, se encuentra con preocupaciones de los residentes locales. Algunos temen que los beneficios económicos del ecoturismo no se distribuyan equitativamente, mientras que otros sienten que sus necesidades y opiniones no están siendo consideradas en el diseño del proyecto.

Continúa en página siguiente >>

<< Viene de página anterior

Fátima sabe que estos conflictos sociales deben abordarse para garantizar el éxito del proyecto y la sostenibilidad del turismo en la región. ¿Cuál sería la estrategia más efectiva para Fátima para abordar los conflictos sociales relacionados con el proyecto?

Posible solución

La estrategia más efectiva sería establecer un sistema de distribución equitativa de beneficios económicos y crear un fondo comunitario administrado conjuntamente por líderes locales y representantes del proyecto, asegurando que una parte significativa de los ingresos se destine a mejoras comunitarias como infraestructura, educación y servicios básicos.

5.2. La planificación turística: concepto y objetivos

La planificación turística es un proceso estratégico que consiste en la organización, diseño y gestión de los recursos disponibles para el desarrollo efectivo y sostenible del turismo en una región o destino. Este proceso adopta una visión integral que busca equilibrios entre el crecimiento económico, la protección del entorno natural y la preservación de la cultura local. La planificación turística es esencial porque permite anticiparse a los impactos que la actividad turística podría generar y mitigarlos, asegurando así un desarrollo armónico y sostenible en el tiempo.

La **planificación turística** se define como un enfoque sistemático que tiene como objetivo establecer los lineamientos, las políticas y las estrategias necesarias para el desarrollo efectivo del turismo. Implica la identificación y evaluación de los recursos turísticos existentes, la determinación de las necesidades y aspiraciones de todos los actores involucrados —incluyendo a las comunidades locales, el sector privado y los visitantes— y la puesta en marcha de acciones concretas para alcanzar los objetivos establecidos.

Este proceso de planificación no es un evento aislado, sino un ciclo continuo que revisa y ajusta las estrategias y acciones a medida que el entorno turístico evoluciona. El proceso tiene varias fases, incluyendo la evaluación de la situación actual, la formulación de objetivos, la generación de estrategias y políticas, la implementación y, finalmente, el monitoreo y ajuste de las acciones emprendidas.

El objetivo central de la planificación turística es garantizar un desarrollo turístico ordenado, eficiente y sostenible. Sin embargo, este objetivo central se desglosa en una serie de **subobjetivos específicos,** que incluyen:

➲ **Desarrollo sostenible.** Uno de los principios más fundamentales de la planificación turística es el desarrollo sostenible. Esto significa que el turismo debe desarrollarse de manera que satisfaga las necesidades del presente sin comprometer la capacidad de las futuras generaciones para satisfacer sus propias necesidades. Esto incluye la conservación del medioambiente, el uso eficiente de los recursos naturales y el respeto a la cultura local.

➲ **Desarrollo económico.** La planificación turística está orientada a maximizar el impacto económico positivo del turismo, generando empleo, incrementando el ingreso local y contribuyendo al desarrollo económico de la región. La infraestructura, el comercio y los servicios también deben beneficiarse del turismo de una manera inclusiva.

➲ **Conservación del medioambiente.** Un objetivo primordial es proteger el patrimonio natural del destino turístico. Esto puede implicar la implementación de prácticas sostenibles y la reducción de la huella ecológica del turismo. Los programas de educación ambiental también juegan un papel crucial en sensibilizar tanto a los turistas como a las comunidades locales sobre la importancia de preservar el entorno.

➲ **Integración comunitaria y cultural.** La planificación turística busca integrar a las comunidades locales en el desarrollo turístico. Esto significa que se debe respetar y preservar la cultura y el patrimonio local, fomentar la participación ciudadana y garantizar que los beneficios del turismo se distribuyan equitativamente entre los miembros de la comunidad. Además, es clave asegurar que el turismo no altere negativamente la estructura social de las comunidades anfitrionas.

➲ **Gestión de la capacidad de carga turística.** Es esencial gestionar adecuadamente la capacidad de carga del destino para evitar el turismo excesivo, que puede deteriorar la calidad del medioambiente y la experiencia turística. Evaluar la capacidad de carga implica conocer los límites físicos, sociales y económicos que el destino puede soportar.

➲ **Diversificación de productos turísticos.** Fomentar la diversificación de la oferta turística es otro objetivo clave. Esto implica desarrollar diferentes tipos de productos turísticos para atraer a un público más amplio y reducir la dependencia de un único tipo de turismo. Por ejemplo, se pueden promover actividades como el ecoturismo, el turismo cultural y el turismo de aventura.

➲ **Mejora e innovación de la infraestructura.** La planificación turística también se centra en mejorar la infraestructura relacionada con el turismo, como las vías de acceso, el transporte, las instalaciones sanitarias y los servicios básicos. Una infraestructura adecuada asegura una mejor experiencia para los turistas y facilita el desarrollo económico local.

⊃ **Promoción efectiva y *marketing* sustentable.** Promover eficazmente los destinos turísticos es crucial para atraer turistas de manera sostenible. Esto implica utilizar estrategias de *marketing* que sean éticas y responsables, tratando de minimizar promesas excesivas que puedan generar expectativas no realistas.

Implementación de la planificación turística

La implementación de un plan turístico requiere de la colaboración y cooperación entre múltiples actores, incluyendo gobiernos locales, empresas privadas, ONG, comunidades locales y visitantes. Esta cooperación es fundamental porque diferentes actores tienen roles y responsabilidades únicas en el proceso de planificación. A menudo, los gobiernos locales son responsables del diseño e implementación de políticas y regulaciones pertinentes, mientras que las empresas privadas suelen estar al frente de las inversiones en infraestructura y servicios.

 IMPORTANTE

La práctica del turismo debe ser vista como un esfuerzo conjunto, donde todos los actores tienen voz y voto en las decisiones estratégicas.

Para gestionar los desafíos y aprovechar las oportunidades que presenta el desarrollo turístico, es fundamental adoptar un enfoque adaptativo que permita revisar y ajustar continuamente las estrategias y acciones en marcha. El monitoreo constante del impacto del turismo y la evaluación periódica del progreso hacia los objetivos trazados son componentes críticos de una planificación turística eficaz.

Metodologías de planificación

La planificación turística es un proceso esencial para el desarrollo sostenible y eficiente de los destinos turísticos. Existen diversas metodologías de planificación que se utilizan para asegurar que el crecimiento del turismo se gestione de manera equilibrada, maximizando los beneficios socioeconómicos al tiempo que se minimizan los impactos ambientales y culturales negativos. En esta sección, exploraremos algunas de las **metodologías** más reconocidas y utilizadas en la planificación turística, con un enfoque particular en cómo se aplican al contexto del ecoturismo.

Planificación participativa

La planificación participativa es una metodología que enfatiza la inclusión de todas las partes interesadas en el proceso de planificación turística. Esta metodología se fundamenta en la idea de que la mejor manera de desarrollar el turismo de manera sostenible es involucrar a aquellos que se verán más afectados por las decisiones tomadas. Esto incluye a las comunidades locales, las empresas turísticas, los grupos conservacionistas y los gobiernos locales y nacionales.

El proceso de planificación participativa generalmente comienza con la identificación de las partes interesadas y la creación de mecanismos para su participación. Talleres comunitarios, encuestas y consultas públicas son herramientas comunes usadas para este propósito. Estos métodos permiten a las partes involucradas expresar sus opiniones, preocupaciones y expectativas, lo que ayuda a orientar la planificación de manera que se ajuste a las necesidades y aspiraciones locales. Un ejemplo de planificación participativa podría ser un proyecto de ecoturismo en una comunidad indígena donde se llevan a cabo reuniones regulares para asegurar que las prácticas turísticas respeten los valores culturales y las tradiciones locales.

Análisis de costes y beneficios

El análisis de costes y beneficios (ACB) es una herramienta fundamental en la planificación turística, que se utiliza para evaluar la viabilidad económica de proyectos turísticos. Esta metodología implica la cuantificación de los costes y los beneficios asociados con un proyecto o política, con el fin de determinar si los beneficios superan a los costes.

En el contexto del ecoturismo, el ACB incorpora no solo los beneficios económicos directos, como el aumento del ingreso por turismo, sino también los beneficios ambientales y sociales, como la preservación de la biodiversidad y la creación de empleo local. Del lado de los costes, se deben considerar tanto los costes financieros como los impactos potenciales negativos sobre la economía local y el medioambiente.

El ACB permite que los planificadores comparen diferentes alternativas de desarrollo turístico y elijan la opción que proporciona el mayor beneficio neto a la comunidad. Por ejemplo, al evaluar la construcción de un nuevo albergue ecológico, se analizarían los costes de construcción y operación en comparación con los ingresos por turistas y los beneficios sociales, como los empleos generados para los residentes locales.

Zonificación turística

La zonificación turística es una estrategia que se utiliza para gestionar el uso del suelo de manera que se maximicen los beneficios del turismo al tiempo que se protegen los recursos naturales y culturales. Esta metodología implica dividir una región en zonas específicas, cada una destinada a diferentes usos o niveles de intensidad turística.

Por ejemplo, en un área protegida, se pueden designar algunas zonas para el turismo intensivo, donde se concentran las actividades y servicios turísticos, mientras que otras áreas se destinan a la conservación, limitando el acceso humano. Esta estrategia ayuda a distribuir el flujo de turistas más racionalmente, evitando la sobrecarga en áreas sensibles y asegurando que las actividades turísticas sean sostenibles a largo plazo.

La zonificación también puede facilitar el manejo de las interacciones entre los turistas y la comunidad local, reduciendo posibles conflictos y asegurando que el turismo no interrumpa las actividades diarias de los residentes. En la práctica, la zonificación turística se implementa a través de planes de uso del suelo, regulaciones y acuerdos de manejo conjunto con los gobiernos locales y las comunidades.

Planificación por escenarios

La planificación por escenarios es una metodología que implica el desarrollo de múltiples narrativas sobre el futuro posible, explorando diferentes caminos que podrían seguirse dependiendo de ciertas variables clave. Esta metodología es particularmente útil en la planificación turística porque permite a los planificadores anticipar el cambio y preparar estrategias para diversas contingencias.

En el ámbito del ecoturismo, los escenarios pueden considerar variables como cambios políticos, fluctuaciones económicas, desastres naturales y la evolución de las preferencias del consumidor. Al desarrollar y evaluar estos escenarios, los planificadores pueden identificar estrategias que sean robustas bajo múltiples condiciones futuras.

Por ejemplo, se podrían desarrollar escenarios en torno a la posibilidad de un incremento significativo en el turismo de aventura debido a un cambio en las tendencias de viaje pospandemia. Los planificadores podrían diseñar estrategias para expandir la infraestructura turística de manera controlada para satisfacer la demanda, al mismo tiempo que se asegura la conservación de los recursos naturales.

Evaluación ambiental estratégica (EAE)

La evaluación ambiental estratégica (EAE) es una herramienta de planificación que se enfoca en evaluar los impactos ambientales de políticas, planes y programas en las etapas tempranas de la toma de decisiones. La EAE ofrece un enfoque proactivo para garantizar que los consideraciones ambientales se integren en la planificación turística desde el principio.

En el contexto del ecoturismo, la EAE evalúa los potenciales impactos del desarrollo turístico en ecosistemas naturales y en los servicios que estos proveen. Permite a los planificadores identificar áreas que requieren protección especial y desarrollar medidas para mitigar impactos negativos potenciales antes de que los proyectos se implementen.

Por ejemplo, antes de lanzar un nuevo proyecto turístico en un parque nacional, la EAE podría identificar que ciertas especies autóctonas estarían en riesgo debido al incremento de tráfico humano. A partir de esta evaluación, se podría delinear un plan para proteger estas especies, como la restricción del acceso a ciertas áreas o la implementación de rutas de turismo controladas.

Gestión adaptativa

La gestión adaptativa es una metodología que permite a los planificadores ajustarse continuamente a medida que se dispone de nueva información. Permite una flexibilidad en la planificación turística que es crucial en un mundo en constante cambio, particularmente en escenarios naturales complejos y dinámicos como los que a menudo se encuentran en el ecoturismo.

Este enfoque se caracteriza por un ciclo de planificación, acción, monitoreo y revisión constante, lo que permite a los gestores aprender de la experiencia y adaptar sus estrategias en consecuencia. Cada ciclo proporciona nuevos datos e información que pueden mejorar la comprensión de los ecosistemas de destino y las interacciones del turismo, lo que lleva a mejoras continuas en la gestión.

Por ejemplo, un programa de ecoturismo que se basa en senderos interpretativos podría usar un enfoque de gestión adaptativa para ajustar sus operaciones. Si el monitoreo ambiental detecta signos de degradación del hábitat a lo largo de ciertos senderos, los gestores podrían rediseñar las rutas, cambiar la capacitación de los guías o introducir normativas que gestionen el flujo de visitantes para mitigar los impactos negativos.

Evaluación de impactos sociales (EIS)

La evaluación de impactos sociales (EIS) es otra herramienta importante en la planificación turística, especialmente en el desarrollo de proyectos de ecoturismo que tendrán un impacto directo en las comunidades locales. Este enfoque se centra en predecir y mitigar los impactos sociales resultantes del desarrollo turístico, promoviendo la equidad social y el respeto por las culturas locales.

La EIS implica la realización de investigaciones para identificar cómo el turismo afectará a las economías locales, las tradiciones culturales, las dinámicas comunitarias y otras facetas de la vida social. Al integrar estos resultados en el proceso de planificación, se pueden desarrollar estrategias para maximizar los beneficios sociales y minimizar o evitar impactos negativos.

 PARA SABER MÁS

En el siguiente enlace podrás conocer una herramienta para el análisis Coste-Beneficio, que facilita el Ministerio de Transportes y Movilidad Sostenible, accede desde aquí:

https://redirectoronline.com/hotu00020207

◁◎▷ EJEMPLO

Un ejemplo relevante de evaluación de impactos sociales (EIS) en el ámbito turístico es el caso de Barcelona y la gestión del turismo urbano. En los últimos años, el crecimiento del turismo masivo en la ciudad ha generado tensiones sociales, como el encarecimiento de la vivienda, la saturación de servicios públicos y la percepción de pérdida de identidad cultural en barrios emblemáticos como la Barceloneta o el Gótico.

En respuesta, el Ayuntamiento de Barcelona implementó una EIS como parte del Plan Estratégico de Turismo 2020, evaluando cómo el turismo impactaba la vida cotidiana de los residentes, las dinámicas sociales y la cohesión comunitaria. La evaluación consideró factores como el acceso a servicios básicos, el empleo generado por el turismo y la percepción ciudadana sobre los beneficios y costes de la actividad turística.

Medición del impacto

La planificación turística contemporánea no puede desvincularse de la noción de sostenibilidad. Tras haber discutido los objetivos sostenibles, un componente crucial es la medición del impacto. La medición adecuada garantiza que las estrategias de turismo no solo se planifiquen bien, sino que también se ejecuten con responsabilidad, logrando un equilibrio entre actividad económica, bienestar comunitario y conservación ambiental.

La importancia de la medición del impacto en el ecoturismo reside en que se trata de un proceso esencial para valorar cómo las iniciativas turísticas afectan a nivel social, económico y ambiental. Sin un análisis riguroso, las intenciones, por muy sostenibles que sean en teoría, pueden derivar en consecuencias indeseadas. Evaluar estos efectos no solo ayuda a validar el cumplimiento de los objetivos sostenibles, sino que también ofrece información valiosa para corregir y ajustar la planificación y la gestión constantes.

Para las comunidades locales, la medición del impacto es clave en la identificación de beneficios reales y potencialmente adversos. Este proceso puede empoderar a la población para exigir un desarrollo de turismo equitativo y justo, especialmente en regiones donde las inequidades son comunes.

La medición de impacto considera generalmente tres **dimensiones** fundamentales:

Impacto ambiental
- Comprende el análisis del efecto de las actividades turísticas en la biodiversidad, en la calidad del suelo, el agua y el aire, así como en cualquier otro recurso natural vital. Indicadores como la huella de carbono, el consumo de agua y la generación de residuos son algunos de los factores más importantes a evaluar. Por ejemplo, el aumento en la afluencia de turistas puede contribuir a la compactación del suelo, modificando su composición y perjudicando la vegetación autóctona.

Impacto económico
- Se centra en cómo el turismo afecta a las economías locales y regionales. Aspectos como la generación de ingresos, la creación de empleo, la inversión en infraestructura y otros efectos multiplicadores son algunos ejemplos. Algunos análisis también exploran las dinámicas de precios que pueden llevar a una inflación en bienes de consumo común. Por ejemplo, en algunos casos, el turismo ha desplazado a industrias tradicionales, cambiando la estructura económica y generando dependencia del mercado turístico, que puede ser inestable.

Impacto social
- Incluye el estudio del cambio en las dinámicas sociales, culturales y comunitarias. El ecoturismo puede influir en la preservación de culturas y tradiciones, pero también tiene el potencial de fomentar la aculturación o resentimientos sociales hacia turistas. Por ejemplo, las relaciones entre turistas y comunidades locales pueden llevar a una revitalización cultural, pero también podrían resultar en conflictos por malentendidos culturales.

La variedad de metodologías disponibles para la medición del impacto en ecoturismo refleja la complejidad inherente del proceso.

La planificación es un componente esencial en el desarrollo de proyectos turísticos sostenibles, especialmente en el ámbito del ecoturismo. A lo largo de este proceso, existen diversas metodologías que permiten abordar de manera estratégica y eficiente las necesidades del entorno, las comunidades locales y los turistas. Cada metodología tiene sus particularidades y enfoques, pero todas comparten el objetivo común de crear experiencias que respeten el medioambiente, fomenten la participación local y generen beneficios económicos sostenibles. A continuación, exploraremos las principales **metodologías de planificación** aplicables al ecoturismo, sus características y su impacto en la gestión y el desarrollo de destinos turísticos sostenibles:

Encuestas y entrevistas
- Son herramientas cruciales para recolectar datos directos de fuentes primarias. Son fundamentales para capturar las percepciones y opiniones de los residentes locales y turistas. Permiten evaluar factores subjetivos, como la satisfacción o la percepción de cambios culturales.

Sistemas de información geográfica (SIG)
- Utilizados para evaluar el impacto espacial de las actividades turísticas. Facilitan el análisis visual del cambio en los paisajes naturales y en la distribución de usos del suelo.

Indicadores matemáticos
- Como el análisis de coste-beneficio, que permite entender de manera cuantificada la relación entre gastos e ingresos generados por la actividad turística.

Análisis de ciclo de vida (LCA)
- Contribuye a entender los impactos ambientales del turismo a lo largo de su ciclo completo, desde la infraestructura inicial hasta la gestión de residuos y el desmantelamiento.

Uno de los principales desafíos al medir el impacto del ecoturismo tiene que ver con las limitaciones de datos y la falta de investigación en áreas remotas o emergentes. Además, conseguir colaboración entre múltiples partes interesadas puede ser complejo, lo que puede llevar a datos fragmentados o desactualizados.

Otra barrera potencial es la resistencia al cambio cultural, donde las comunidades locales pueden no siempre estar dispuestas a divulgar información sensitiva, lo que requiere de protocolos éticos muy cuidadosos y de enfoques participativos transparentes para asegurar la cooperación local.

La evolución tecnológica ha brindado herramientas como las aplicaciones móviles, que pueden recolectar datos en tiempo real sobre el comportamiento del turista, o sensores de campo, que permiten monitorear los impactos en los ecosistemas de manera continua y no invasiva. Estas innovaciones pueden ofrecer a los gestores la capacidad de reaccionar de forma proactiva más que reactiva, adaptando las estrategias de gestión en tiempo real para mitigar riesgos.

IMPORTANTE

Mirando hacia el futuro, la medición del impacto en el ecoturismo debe guiarse por un enfoque holístico que incorpore metodologías de vanguardia y la integración activa de todos los interesados. Un proceso robusto de medición del impacto permite a las comunidades prosperar con el turismo, sin sacrificar la integridad ecológica o la cultura local.

Por tanto, es recomendable que las regulaciones y prácticas locales incluyan requisitos específicos para la evaluación periódica del impacto, así como incentivos para que los operadores turísticos adopten las mejores prácticas y tecnologías para la medición y gestión de impacto. Además, la colaboración entre instituciones académicas, gubernamentales y la sociedad civil debe fortalecerse para nutrir las políticas de turismo con datos sólidos que reflejen tanto mejoras como desafíos.

En conclusión, la planificación turística es esencial para el desarrollo sostenible del ecoturismo, permitiendo equilibrar las necesidades ambientales, económicas y socioculturales. Esta práctica aborda desafíos como la gestión de recursos limitados, la interacción con comunidades locales y la preservación de la calidad turística. Además de ser una necesidad logística, constituye un compromiso ético para minimizar riesgos y maximizar beneficios.

En este marco, se destacan los objetivos de planificación turística: conservar ecosistemas, evitar la sobreexplotación de recursos y fomentar el desarrollo local.

El proceso incluye etapas clave: diagnóstico situacional, diseño de actividades, implementación y monitoreo, con ejemplos prácticos que demuestran cómo una planificación adecuada transforma problemas en oportunidades sostenibles. En un contexto donde el ecoturismo promueve prácticas responsables, la planificación es una herramienta para armonizar desarrollo económico, conservación de biodiversidad y fortalecimiento cultural, dejando un legado positivo para futuras generaciones.

ACTIVIDAD COMPLEMENTARIA

6. Investiga en fuentes externas ejemplos concretos del uso de SIG en proyectos turísticos. Puedes utilizar palabras clave como: "SIG y turismo sostenible", "evaluación del impacto turístico con SIG", "cambios en paisajes naturales con SIG", "gestión de usos del suelo en turismo con SIG".

Encuentra al menos dos ejemplos reales de proyectos en los que se haya utilizado SIG para:

- Evaluar el impacto del turismo en paisajes naturales.
- Analizar cambios en los usos del suelo debido a actividades turísticas.

Anota los detalles clave (lugar, herramientas SIG utilizadas y resultados obtenidos) de santuarios de vida silvestre y explica su importancia. Herramientas sugeridas:

- *Google Scholar* (para encontrar artículos académicos).
- Plataformas como *Esri*, QGIS o ejemplos de SIG en turismo sostenible.
- Webs de organismos de conservación o desarrollo turístico sostenible, como la UNESCO o la WTTC *(World Travel & Tourism Council)*.

5.3. El proceso de planificación turística

El proceso de planificación turística es un componente fundamental en el diseño y gestión de destinos turísticos sostenibles, especialmente en el ámbito del ecoturismo. El éxito de un destino ecoturístico depende en gran medida del meticuloso proceso de planificación, que no solo tiene en cuenta las potencialidades del entorno, sino que antepone también la preservación del medioambiente y el respeto por las comunidades locales. Este proceso busca generar un equilibrio entre el uso y la conservación de recursos, asegurando que los beneficios del turismo se distribuyan equitativamente y se mantengan a largo plazo.

La planificación turística es el proceso de organización, desarrollo y control de actividades turísticas en un área específica teniendo en cuenta los diversos factores que interactúan en dichos espacios. Implica una estrategia holística que aborda la viabilidad económica, la sostenibilidad cultural y la integridad ecológica del destino.

El proceso de planificación turística generalmente comprende varias etapas interrelacionadas que garantizan un desarrollo turístico eficaz y sostenido. Algunas de estas **etapas** son:

⊃ Inventario de recursos y análisis situacional:

- Inventario del patrimonio natural y cultural: implica el reconocimiento y evaluación de los recursos naturales, culturales e históricos del área. Esto incluye la identificación de puntos de interés clave, flora y fauna, paisajes, tradiciones culturales y manifestaciones artísticas locales.
- Evaluación de la capacidad de carga: medir la capacidad del espacio para acoger a turistas sin que se degrade o se vea afectada negativamente la experiencia.
- Análisis de fortalezas, oportunidades, debilidades y amenazas (FODA): proporciona una visión clara de las condiciones presentes que influirán en el desarrollo turístico.

⊃ Determinación de objetivos y estrategias:

- Definir metas claras y alcanzables, que respondan tanto a la demanda del mercado como a la necesidad de conservación y bienestar comunitario.
- Establecimiento de estrategias que apuntalen el desarrollo de un turismo sostenible y respetuoso, asegurando que los objetivos sean medibles, alcanzables y relevantes.

⊃ Desarrollo de alternativas:

- Proponer diferentes opciones o rutas de desarrollo que mitiguen posibles impactos negativos y maximicen los beneficios.
- Evaluación de las alternativas para seleccionar la opción más adecuada que cumpla con los objetivos planteados.

⊃ Desarrollo del plan operacional:

- Detallar las acciones específicas a implementar, identificando recursos necesarios, cronogramas de acción y asignación de responsabilidades.
- Implementación de normativas y políticas turísticas que faciliten el manejo adecuado del recurso.

⊃ **Monitoreo y evaluación:**

◑ Establecer indicadores precisos para evaluar el éxito de los objetivos y estrategias adoptadas.
◑ Realizar ajustes periódicos en respuesta al monitoreo continuo de resultados y cambios en el entorno.

La importancia de la participación comunitaria reside en la inclusión de la comunidad local en el proceso de planificación, que es indispensable. La participación comunitaria no solo enriquece el proceso con un conocimiento localizado, sino que también garantiza que los beneficios del turismo se mantengan dentro de la comunidad, mejorando así su calidad de vida. Modelos de cogestión entre las autoridades locales, organismos privados y comunidades son esenciales en el respeto de derechos colectivos y la optimización de beneficios.

La participación puede tomar muchas formas, desde consultas públicas o talleres comunitarios, hasta integraciones en cooperativas turísticas. Este enfoque colaborativo crea un sentido de pertenencia e incluso responsabilidad entre los miembros de la comunidad, facilitando el compromiso social con la conservación del área.

El proceso de planificación turística, bien llevado, logra integrarse en el tejido social y ecológico de la región, facilitando así un turismo más respetuoso y consciente con el entorno natural y cultural donde se desarrolla. La planificación turística en ecoturismo no solo es una herramienta para el hoy, sino un compromiso a largo plazo que define el éxito y la sostenibilidad de un destino.

IMPORTANTE

La planificación efectiva de las actividades ecoturísticas es un componente esencial para el desarrollo sostenible de un destino. Una vez realizado el diagnóstico situacional, donde se identifican las fortalezas, debilidades, oportunidades y amenazas del entorno, el siguiente paso crítico es la definición de actividades. Esta fase, aunque meticulosamente detallada, se debe contemplar como un proceso dinámico que requiere flexibilidad para incorporar cambios según las circunstancias, siempre con el objetivo de maximizar los beneficios económicos, culturales y ambientales para las comunidades locales.

La planificación de actividades ecoturísticas es un proceso dinámico y multifacético que no culmina con la mera definición de actividades. Una vez que se han establecido las actividades que se pretenden llevar a cabo en un destino ecoturístico, es esencial proceder hacia la fase de implementación y seguimiento.

Estas etapas son críticas para asegurar que las actividades planificadas sean efectivamente puestas en marcha y que se mantenga un control constante y adaptativo sobre ellas, garantizando así el logro de los objetivos de sostenibilidad, conservación y educativo-recreativos del ecoturismo.

La implementación, esencialmente, es el conjunto de acciones diseñadas para ofrecer al público las actividades ecoturísticas tal como fueron planificadas. Esta fase debe abordar varios **aspectos** clave:

- **Logística.** Para iniciar la implementación, es crucial establecer una sólida base logística. Esto incluye la infraestructura necesaria, tal como caminos de acceso, centros de información, señalética, sanitarios, áreas de descanso y puntos de acceso a las actividades. La infraestructura debe ser desarrollada sin comprometer el entorno natural y atentando al espíritu del ecoturismo, que privilegia estructuras de bajo impacto ambiental. Por ejemplo, en un parque nacional que planifique visitas guiadas por sus senderos, las entradas y senderos deben estar claramente marcados y se debe contar con los recursos adecuados para recibir a los visitantes minimizando el impacto ambiental.
- **Capacitación del personal.** El personal involucrado, desde guías hasta administrativos, debe recibir formación específica que no solo abarque conocimientos técnicos sobre las actividades a desempeñar, sino también enfoques y principios del ecoturismo. Los guías, por ejemplo, no solo deberían ser expertos en los aspectos naturalísticos del área que se visitará, sino también estar capacitados en el manejo de grupos y primeros auxilios, y en transmitir adecuadamente valores de conservación y respeto por la naturaleza.
- **Promoción y comunicación.** Implementar una estrategia efectiva de *marketing* y comunicación es fundamental para informar y atraer a un público objetivo formado por personas que sean potenciales visitantes. Esto no solo ayuda a seleccionar la actividad como una opción disponible, sino también a educar al público sobre el valor y la singularidad de la experiencia ecoturística ofrecida. Las campañas deben ser claras, orientadas a perspectivas sostenibles, y deben utilizar medios apropiados que lleguen a la audiencia deseada; por ejemplo, redes sociales, colaboraciones con organizaciones ambientales y presencia en plataformas dedicadas sobre ecoturismo.

- **Aspectos legales y administrativos.** Es indispensable asegurar que todas las actividades cumplan con las normativas legales vigentes, incluyendo permisos ambientales, regulaciones laborales, normativas de seguridad, entre otras. La relación con organismos gubernamentales y locales debe ser cultivada para facilitar procesos administrativos.
- **Gestión de riesgos.** Desde la etapa de planificación hasta la implementación, es vital identificar y gestionar los riesgos potenciales. Esto implica tener evaluaciones de riesgos y planes de contingencia establecidos para abordar eventos imprevistos, como condiciones climáticas adversas, emergencias médicas o desastres naturales.

Las fases de implementación y seguimiento dentro del contexto del ecoturismo no deben considerarse como las etapas finales de la planificación turística, sino más bien como componentes esenciales e integrados que interactúan de manera continua con las etapas de planificación, previas y posteriores. Al reconocer y manejar correctamente estas fases, no solo se garantiza el cumplimiento de los objetivos contemplativos y recreativos, sino también un compromiso genuino con la conservación ambiental y el bienestar social y económico de las regiones involucradas. En última instancia, una implementación y seguimiento efectivos son fundamentales para las operaciones de ecoturismo que aspiran a ser verdaderamente sustentables, conscientes y enriquecedoras tanto para los visitantes como para los recursos naturales y las comunidades locales.

6. Resumen

El ecoturismo y la planificación turística son herramientas esenciales para garantizar un desarrollo que no solo fomente el disfrute de los recursos naturales, sino que también los proteja para las futuras generaciones. Ambas herramientas tienen un impacto directo en la conservación del medioambiente, el fortalecimiento de las culturas locales y la generación de beneficios económicos para las comunidades anfitrionas.

Ecoturismo no solo implica disfrutar de la naturaleza, sino también educar a los turistas sobre la importancia de protegerla, lo que asegura que sus actividades sean responsables y sostenibles. La planificación turística, por su parte, es el proceso a través del cual se evalúa, diseña e implementa un modelo turístico que minimiza los impactos negativos y maximiza los beneficios, tanto para el medioambiente como para las comunidades.

El ecoturismo ofrece experiencias donde los turistas pueden conectarse de manera profunda con la naturaleza mientras apoyan su conservación.

Al interactuar con ecosistemas sensibles, los turistas aprenden a respetar y valorar los recursos naturales, promoviendo un cambio de actitud que va más allá del viaje.

A través de actividades ecoturísticas como el senderismo, la observación de aves o el voluntariado en proyectos de conservación, los turistas no solo disfrutan de la biodiversidad, sino que también contribuyen a su protección. Además, este tipo de turismo permite a las comunidades anfitrionas recibir ingresos que pueden reinvertirse en proyectos de restauración ecológica y educación ambiental.

Algunos de los beneficios para las comunidades son:

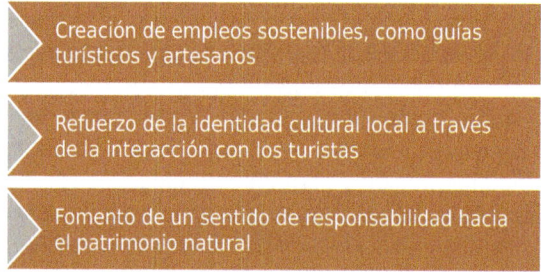

Creación de empleos sostenibles, como guías turísticos y artesanos

Refuerzo de la identidad cultural local a través de la interacción con los turistas

Fomento de un sentido de responsabilidad hacia el patrimonio natural

Una planificación turística bien estructurada es vital para equilibrar los intereses económicos y la protección ambiental. Este proceso permite **prever los impactos** del turismo, tanto positivos como negativos, y establecer medidas de gestión que aseguren la sostenibilidad de los recursos.

La planificación no solo implica el diseño de actividades turísticas, sino también la creación de políticas que favorezcan el uso racional de los recursos naturales, el control de la capacidad de carga de los destinos turísticos y la promoción de infraestructuras sostenibles. Una planificación adecuada incluye:

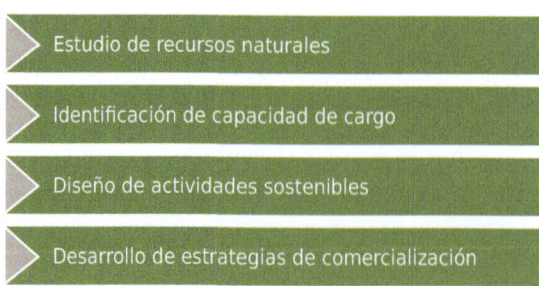

Estudio de recursos naturales

Identificación de capacidad de cargo

Diseño de actividades sostenibles

Desarrollo de estrategias de comercialización

Las comunidades locales son esenciales en el ecoturismo. Su implicación no solo **refuerza la conservación,** sino que también les proporciona una fuente de ingresos y una mayor conciencia sobre el valor de su patrimonio natural y cultural. Cuando las comunidades tienen un papel activo en la gestión del ecoturismo, se aseguran de que sus necesidades sean respetadas y sus beneficios sean distribuidos equitativamente. Además, estas comunidades se convierten en **guardianes del medioambiente** al comprender que su bienestar está directamente ligado a la conservación de los ecosistemas que dependen del turismo.

La tecnología juega un papel crucial en la gestión eficiente de los recursos naturales y el monitoreo de los impactos turísticos. Utilizando herramientas avanzadas, los operadores ecoturísticos pueden evaluar el estado de los ecosistemas, realizar seguimientos del flujo de turistas y mejorar la sostenibilidad de las actividades turísticas.

El uso de tecnologías como los **sensores de monitoreo ambiental,** las **aplicaciones móviles para guías turísticas** y los **sistemas de gestión de residuos** permite a los operadores ecoturísticos implementar prácticas más eficientes y efectivas. Estas tecnologías permiten optimizar las rutas turísticas, gestionar los flujos de visitantes y minimizar los impactos negativos sobre la biodiversidad.

El ecoturismo y la planificación turística, cuando se aplican de forma coordinada y responsable, ofrecen un camino hacia un turismo sostenible que promueva tanto la **conservación del medioambiente** como el **desarrollo económico** local. Al integrar la participación de las comunidades locales, el uso de tecnologías innovadoras y estrategias de planificación adaptadas a las necesidades específicas de cada destino, se garantiza que el turismo pueda seguir siendo una fuente de beneficio para las generaciones presentes y futuras.

Este enfoque permite visualizar cómo, al integrar estos conceptos y herramientas de manera efectiva, el ecoturismo y la planificación turística pueden ser un motor de desarrollo sostenible.

Ejercicios de autoevaluación
Unidad de Aprendizaje 2

1. **¿Qué aspectos específicos dificultan la implementación de programas educativos efectivos en zonas rurales dedicadas al ecoturismo?**

   a. La sobreoferta de recursos educativos que causa confusión en la comunidad.
   b. La falta de conectividad digital, combinada con limitaciones en el interés turístico.
   c. La carencia de infraestructura adecuada y personal capacitado en las áreas locales.
   d. La resistencia comunitaria hacia la implementación de nuevas tecnologías educativas.

2. **¿Cómo se aplica el principio de "Prevención y precaución" dentro de la legislación ambiental asociada al ecoturismo?**

   a. Obliga a las comunidades locales a reducir su actividad económica en zonas de riesgo ambiental.
   b. Promueve la planificación de proyectos turísticos a través de evaluaciones de impacto ambiental para anticipar posibles daños.
   c. Implementa sanciones económicas inmediatas para actividades que generan emisiones de carbono elevadas.
   d. Fomenta la participación de organizaciones internacionales en el desarrollo de planes locales de turismo.

3. **¿Por qué es crucial implementar evaluaciones poscampaña en las iniciativas de sensibilización ambiental dirigidas a turistas?**

   a. Para identificar segmentos de turistas que son menos receptivos a mensajes sobre conservación.
   b. Para medir el cambio de comportamiento en turistas y comunidades de manera rigurosa y con metodologías claras.
   c. Para justificar financieramente los costes asociados a campañas de sensibilización ambiental.
   d. Para cumplir con las normativas internacionales de comunicación en campañas educativas.

4. ¿Cuál es una de las razones principales para establecer parques nacionales y reservas naturales?

    a. Promover el turismo de lujo en áreas remotas.
    b. Garantizar la reforestación de áreas degradadas.
    c. Prohibir o limitar actividades que podrían dañar el entorno natural.
    d. Crear espacios recreativos para comunidades locales.

5. Relaciona cada tecnología con su aplicación en conservación:

    a. Sensores remotos
    b. Imágenes satelitales
    c. Modelado ambiental
    d. Tecnología de ADN
    __ Identificar áreas críticas para la conservación.
    __ Rastrear especies específicas mediante huellas genéticas.
    __ Predecir los efectos del cambio climático en ecosistemas.
    __ Registrar datos ambientales en tiempo real.

6. Indica si la siguiente oración es verdadera o falsa: "El turismo comunitario busca maximizar los beneficios económicos para intermediarios externos".

    ■ Verdadero
    ■ Falso

7. ¿Qué caracteriza al consumidor típico de ecoturismo en comparación con los turistas convencionales?

    a. Su principal interés es el ocio masivo, el entretenimiento y las actividades de relajación en grandes *resorts* turísticos.
    b. Su motivación radica en la búsqueda de experiencias inmersivas que promuevan el respeto por el medioambiente y la interacción activa con las culturas locales, prefiriendo destinos donde pueda aprender y participar.
    c. Generalmente, este tipo de consumidor prefiere destinos de lujo que le permitan escapar del estrés sin involucrarse en aspectos culturales o ecológicos.
    d. Los ecoturistas son personas que buscan únicamente disfrutar de actividades de aventura extrema, sin considerar la sostenibilidad del destino.

8. **En términos de análisis de mercado, ¿cómo contribuyen las tecnologías como el *big data* y la inteligencia artificial al desarrollo del ecoturismo?**

    a. Permiten realizar estudios geográficos tradicionales sin necesidad de tecnología avanzada para observar el comportamiento de los turistas en las áreas protegidas.

    b. Facilitan la recopilación y el análisis de grandes volúmenes de datos relacionados con las preferencias de los viajeros, lo que permite crear experiencias personalizadas y anticipar las tendencias futuras del ecoturismo mediante el aprendizaje automático.

    c. Solo se utilizan para optimizar las tarifas de los vuelos y hoteles sin influencia directa en la promoción de destinos ecoturísticos o la sostenibilidad ambiental.

    d. El uso de estas tecnologías es irrelevante para el ecoturismo, ya que se basa principalmente en el contacto directo con los turistas sin intervención tecnológica.

9. **¿Cómo ha cambiado el enfoque de la industria del ecoturismo hacia la calidad en lugar de la cantidad de visitantes?**

    a. El enfoque sigue siendo el mismo, priorizando la cantidad de turistas para maximizar los ingresos, independientemente del impacto en los ecosistemas locales.

    b. Muchas áreas ecoturísticas han comenzado a implementar límites en el número de visitantes, tarifas de entrada y reservas anticipadas, con el fin de garantizar que el ecoturismo sea más sostenible y las experiencias de los turistas sean más auténticas y respetuosas con el entorno natural.

    c. Se promueve la sobrecarga de visitantes en las zonas más populares para aprovechar el máximo potencial económico, sin considerar la preservación del medioambiente.

    d. No se han implementado cambios en el enfoque del ecoturismo y sigue habiendo una alta competencia por atraer al mayor número de turistas posible.

10. Completa la siguiente afirmación:

a. El ecoturismo ha mostrado un crecimiento sostenido a nivel mundial debido a un cambio en las preferencias de los turistas, quienes están más enfocados en _____ y en disfrutar de experiencias que promuevan la conservación del medioambiente.

    a. la búsqueda de destinos exóticos
    b. el turismo de entretenimiento
    c. la sostenibilidad y la preservación de la naturaleza
    d. el ocio y el descanso

Glosario

Auditoría medioambiental (AMA)
Instrumento de gestión que comprende la evaluación sistemática, documentada, periódica y objetiva de la eficacia de la organización respecto a su sistema de gestión medioambiental y los procedimientos destinados a ello.

Biodiversidad
Pluralidad de especies animales y vegetales de un ecosistema.

Benchmarking
Estudio detallado sobre los competidores de una empresa que implica analizar sus estrategias y mejores prácticas para identificar oportunidades y amenazas en el mercado.

Cambio climático
Aumento de las temperaturas globales debido a la acumulación de gases de efecto invernadero en la atmósfera, principalmente causada por la quema de combustibles fósiles y la deforestación.

Crowdfunding (financiación colectiva)
Forma de financiación en línea que permite obtener fondos sin necesidad de intermediarios financieros como bancos.

Deforestación
Eliminación o destrucción de bosques y áreas forestales, ya sea por la tala de árboles para obtener madera, la conversión de tierras forestales en otros usos como agricultura o urbanización, o por incendios forestales.

Economía circular
Representa la totalidad de emisiones de gases de efecto invernadero (GEI) que se producen, tanto directa como indirectamente, por personas, empresas, productos, eventos o regiones, y se expresa en términos de CO_2 equivalente.

Eficiencia energética
Capacidad de obtener los mejores resultados en cualquier actividad utilizando la menor cantidad posible de recursos energéticos.

EMAS *(ecomanagement and audit scheme)*
Es el Reglamento Comunitario de Ecogestión y Ecoauditoria.

Huella de carbono
Indicador ambiental que mide la totalidad de gases de efecto invernadero emitidos de forma directa o indirecta por un individuo, organización, evento o producto.

Huella hídrica
Medida del volumen total de agua utilizada directa o indirectamente para producir bienes o servicios a lo largo de todo el ciclo de vida de un producto o actividad.

Huella material
Cantidad total de materia prima extraída a nivel mundial, a lo largo de toda la cadena de suministro, para satisfacer la demanda de consumo final de una economía específica.

Impacto ecológico
Efecto que una determinada acción humana, ya sea directa o indirecta, produce sobre el medioambiente.

ISO
International Organization for Standardization u Organización Internacional de Normalización.

KPI *(key performance indicator)*
Indicador de desempeño. Son métricas que ayudan a determinar el resultado o rentabilidad de determinadas acciones para saber si se están cumpliendo los objetivos marcados inicialmente.

Materia prima
Materiales o bienes de origen natural que se extraen y procesan para su utilización en actividades humanas.

Medioambiente
Entorno que rodea a los seres vivos, incluyendo los elementos físicos, químicos, biológicos y sociales que interactúan entre sí y que influyen en la vida en la Tierra.

Objetivos medioambientales

Los logros ambientales generales que la organización aspira alcanzar, basados en la política ambiental y los aspectos ambientales significativos. Siempre que sea posible, deben ser cuantificados.

Política medioambiental

Son las intenciones y la dirección general de una organización respecto de su comportamiento medioambiental, expuestas oficialmente por sus cuadros directivos, incluidos el cumplimiento de todos los requisitos legales aplicables en materia de medioambiente y también el compromiso de mejorar de manera continua el comportamiento medioambiental.

Reforestación

Proceso de plantar árboles en áreas que han sido deforestadas o degradadas con el fin de restaurar la cubierta forestal y recuperar las funciones ecológicas del ecosistema. Este proceso ayuda a combatir la pérdida de biodiversidad, proteger el suelo, mejorar la calidad del agua, capturar carbono atmosférico y proporcionar hábitats para la fauna.

Sistema de gestión medioambiental

Parte del sistema general de gestión que incluye la estructura organizativa, las actividades de planificación, las responsabilidades, las prácticas, los procedimientos, los procesos y los recursos para desarrollar, aplicar, alcanzar, revisar y mantener la política.

Sostenibilidad

Capacidad de satisfacer las necesidades presentes sin comprometer la capacidad de las futuras generaciones para satisfacer las suyas, equilibrando el bienestar ambiental, económico y social.

Bibliografía

Monografías

→ PIÑEIRO Adega, S.: *Nuevas tendencias del turismo: turismo sostenible y ecoturismo*. A Coruña: Universidade da Coruña. Facultade de Economía e Empresa, 2023.

> Trabajo de fin de grado que analiza las tendencias actuales en turismo sostenible y ecoturismo en España.

Normativa

→ Ley 42/2007, de 13 de diciembre, del Patrimonio Natural y de la Biodiversidad.

> Esta ley establece el régimen jurídico básico de la conservación, uso sostenible, mejora y restauración del patrimonio natural y de la biodiversidad, como parte del deber de conservar y del derecho a disfrutar de un medioambiente adecuado para el desarrollo de la persona, establecido en el artículo 45.2 de la Constitución.

→ Ley 21/2013, de 9 de diciembre, de Evaluación Ambiental.

> Esta ley establece las bases que deben regir la evaluación ambiental de los planes, programas y proyectos que puedan tener efectos significativos sobre el medio ambiente, garantizando en todo el territorio del Estado un elevado nivel de protección ambiental, con el fin de promover un desarrollo sostenible.

Textos electrónicos, bases de datos y programas informáticos

→ Ecoturismo y turismo de naturaleza, de:
<https://www.ostelea.com/sites/default/files/2020-05/Informe_Ecoturismo.pdf>.

> Informe de Ostelea que analiza el crecimiento del ecoturismo y su impacto en España.

→ Economía circular: definición, importancia y beneficios , de:
<https://www.europarl.europa.eu/topics/es/article/20151201STO05603/
economia-circular-definicion-importancia-y-beneficios>.

> Documento que discute los efectos positivos del ecoturismo y su potencial
> como producto sostenible en España.

→ El turismo de naturaleza en España, de:
<https://www.mapa.gob.es/es/ministerio/servicios/analisis-y-prospectiva/
seriemedioambienten9_turismodenaturalezaenespana_tcm30-419763.
pdf>.

> Informe del Ministerio de Agricultura, Pesca y Alimentación que proporciona
> datos sobre el ecoturismo y sus actividades asociadas en el país.

→ El turismo de naturaleza en España: de las políticas de recuperación post-
pandemia a la propuesta de alternativas, de:
<https://bage.age-geografia.es/ojs/index.php/bage/article/view/3444>.

> Este artículo aborda el crecimiento del turismo de naturaleza en las últimas
> décadas, con especial atención a las áreas protegidas como destinos
> principales.